LES ENFANTS
DU
SAHEL

Déjà publiés par l'Institut Panos
aux Editions L'Harmattan :

Renée SABATIER, *Sida, l'épidémie raciste*, 1989.

Collectif, *Presse francophone d'Afrique*, 1991.

Paul KERKOF, *L'agroforesterie*, 1991.

Françoise HAVELANGE, *Libérer la parole paysanne au Sahel*, 1991.

Collectif, *Quand les pauvres du Sud s'autofinancent*, 1991.

Collectif, *Sida une triple menace pour les femmes,* 1991.

ISBN : 2-7384-1211-4

Comité Français Pour l'UNICEF / Institut PANOS

LES ENFANTS DU SAHEL

par Sophie BESSIS

Avec les reportages de :

Justin Coulibaly
Rokhaya Sarr
Anne Jean-Bart
Alfred Sawadogo
Ferdinand Dabiré
Dawit Abraham
Karim Miské

Préface de Paul-Louis AUDAT

Editions L'Harmattan
5-7, Rue de l'école-Polytechnique
75005 Paris

Fidèle à sa volonté de maintenir vivant l'ensemble du catalogue et de continuer à rendre accessible à tous la richesse de son contenu, Les marques du groupe L'Harmattan proposent les ouvrages, même s'ils sont épuisés dans leur premier tirage, et les impriment à la demande.
Au vu de l'ancienneté de ce titre, un exemplaire original a été numérisé pour être réimprimé, ce qui pourrait altérer légèrement la qualité de certains passages.

INFORMER LE PUBLIC SUR LES PROBLÈMES DES ENFANTS EN PRIORITÉ DANS LE TIERS-MONDE

Le progrès vise essentiellement et fondamentalement à sauvegarder les intérêts et à améliorer le bien-être des hommes de toutes sociétés, et en premier lieu, ceux des groupes les plus vulnérables, c'est-à-dire les enfants et, indissolublement liées, les mères.

Remettre en cause tout ce qui néglige les intérêts et la condition de ces groupes vulnérables dans les pays en développement, c'est l'un des aspects essentiels du rôle de l'UNICEF, Agence et Fonds des Nations Unies pour l'enfance.

La croissance économique, la continuité d'un pouvoir politique aussi juste que possible, la stabilité et les avancées sociales sont moins des fins en soi que les moyens d'un mieux-être des hommes en donnant priorité à ceux qui sont les plus démunis, les plus menacés, les plus fragiles.

L'option et la perspective humanitaire qui sous-tendent ces choix ont en outre le mérite de s'appuyer nécessairement sur une vue à long terme, la solidarité avec les générations futures devenant alors l'une de leurs dimensions fondamentales. Notre responsabilité première vis-à-vis de celles-ci n'est-elle pas d'ailleurs d'assurer qu'elles aient un avenir ?

C'est là où le rôle de l'UNICEF peut et doit redevenir normalement déterminant dans la mesure où il est centré sur l'Enfance qui est l'élément central et prioritaire de l'éthique de la solidarité humaine.

•••

•••

Pour l'UNICEF, l'Enfance est un cadre conceptuel naturellement prioritaire de coopération et de solidarité pour les décideurs nationaux, internationaux et associatifs qui devraient être ainsi conduits à lier l'éthique à l'action, à tous les niveaux.

La mort d'un enfant, la souffrance d'un enfant sont évitables lorsqu'elles procèdent de la faim, du défaut de recours à des moyens simples mais efficaces, de l'exploitation ou de mauvais traitements : elles exigent, pour les prévenir ou les éliminer, toute notre attention et toute notre énergie.

C'est à cette prévention et à cette élimination que travaille avec constance et efficacité l'UNICEF, l'Agence internationale du Système des Nations Unies, spécifiquement chargée, et c'est la seule, de la protection et du développement des enfants avec priorité d'action dans le Tiers-monde.

Quant au **Comité français pour l'UNICEF**, association « loi de 1901 » à but non lucratif, reconnue d'utilité publique et créée en 1964, il est un relais entre le siège de l'UNICEF et le public français. Il représente l'Organisation auprès des Pouvoirs publics, des Administrations, des Organisations non gouvernementales et des Institutions internationales.

Et il a pour mission principale d'informer le public sur les problèmes des enfants dans les pays en développement ou dans les situations de détresse, et de collecter des fonds pour l'UNICEF. Le Comité est aussi en France le premier défenseur de la cause des enfants.

COMITÉ FRANÇAIS POUR l'UNICEF
35, rue Félicien David, 75016 Paris
Tél. : 45 24 6 00

DÉVELOPPER LES CAPACITÉS LOCALES D'INFORMATION

L'INSTITUT PANOS

PANOS est un réseau international et indépendant de journalistes spécialisés dans les domaines de l'environnement et du développement. Il s'étend sur 97 pays.

Le réseau est animé par quatre noyaux, couvrant chacun une zone géoculturelle spécifique :

- L'institut de Londres, créé en 1986, couvre l'Asie et l'Afrique anglophone ;
- celui de Washington (1988), l'Amérique latine ;
- celui de Paris (1988), l'Afrique francophone ;
- celui de Budapest (1990), les pays de l'Est.

Le réseau PANOS s'est donné pour objectif de développer les capacités locales d'information.

Il met en oeuvre des programmes centrés sur un thème spécifique (biotechnologies, migrations, agroforesterie...), ou une région particulière (Sahel, Caraïbes...).

PANOS organise des séminaires, coordonne des études, en collaboration avec des organes de presse et des ONG du Sud.

Il publie deux services de presse, un magazine et des ouvrages spécialisés.

PANOS
31, rue de Reuilly, 75012 PARIS
Tél. : (33-1) 43 79 29 35 - Fax : 43 79 91 35.

PRÉFACE

Le Sahel, « Rivage » autrefois mystérieux et attrayant de transitions ardentes des climats et civilisations africains, est depuis 20 ans, devenu le symbole d'un présent douloureux et difficile au futur plus qu'incertain.

La détresse des peuples qui l'habitent ou le parcourent, la banqueroute de son économie, de ses finances et de son environnement sont devenues si spectaculaires que le SAHEL a naturellement suscité abondance de constats le plus souvent catastrophiques, d'analyses généralement pessimistes et de quelques propositions d'action et de remèdes.

Sophie BESSIS, pour sa part, aborde le Sahel sous l'angle éminemment prospectif et humanitaire de la condition et du devenir de ses enfants, avec la préoccupation vive – qui lui est coutumière – d'une approche interdisciplinaire, sans apprêt, claire et humaine, qui donne à son livre une densité et une simplicité chaleureuses que nous aimerions retrouver ailleurs.

« *Les enfants du Sahel* » donne ainsi une juste et pleine mesure de la situation des enfants sahéliens, des risques de plus en plus rudes auxquels ils sont confrontés, des chances de pouvoir les surmonter et des conditions auxquelles, pour ce faire, les actions de développement devront satisfaire. Tous les problèmes de ces enfants, de leurs mères, de leurs familles et de leur société y sont traités avec franchise et netteté, avec une mise en lumière – autant que sa compréhension l'exige – du contexte politique, social et culturel dans lequel ils se situent, avec la familiarité du véritable connaisseur et la volonté, sans rien cacher des échecs, de mettre en évidence les expériences positives.

Si les contraintes et les risques qui pèsent dangereusement sur le Sahel, sur son avenir et celui de ses enfants, sont aussi considérables, ils ne doivent pas, nous persuade l'auteur, nous conduire à un pessimisme passif ; la solidarité agissante des communautés de base, nombre d'initiatives d'associations villageoises et de groupements féminins de production, les activités que permettent de promouvoir des coopérations telles que celles de l'UNICEF, dans des domaines aussi variés que ceux de la santé, de l'éducation, de l'alphabétisation, de l'alimentation-nutrition, de l'alimentation en eau potable, de l'assainissement et de la promotion féminine, doivent permettre d'enrayer le recul global des années 1980 et, inversant le courant, d'amorcer une remontée que l'élargissement de la solidarité internationale pourrait contribuer à accélérer.

Le livre de Sophie BESSIS, familière du Tiers-monde et tout particulièrement des pays du Sahel, nous invite, en termes neufs et raisonnables, à une analyse et à des réflexions très utiles ; à la recherche ou à l'identification de la solution, non seulement des problèmes les plus immédiats mais aussi de ceux à perspective plus lointaine. Il est précieux, notamment pour ceux qui doivent, à quelque degré que ce soit, contribuer à la définition d'une politique et d'une stratégie et planifier ou concevoir l'élaboration de programmes pour l'enfance sahélienne à l'an 2000 : orée d'un nouveau siècle qui n'est plus le long terme, comme on l'écrit encore trop souvent, mais le futur proche de nouvelles générations que la communauté internationale se doit d'aider à accueillir, soigner, élever et éduquer décemment.

Paul-Louis AUDAT
Directeur général du
Comité français pour l'UNICEF
Ancien directeur
à l'UNICEF International

(Août 1991)

AVANT-PROPOS

Immensités craquelées, jonchées de carcasses de zébus, des confins mauritaniens, maliens ou nigériens. Enfants éthiopiens aux visages de vieillards accrochés aux seins des mères squelettiques. Scènes de guerre au Soudan où les paysans faméliques sont pris entre les feux croisés des seigneurs de la guerre qui se disputent d'immenses territoires appauvris. Cohortes de femmes dans les bidonvilles des grandes capitales attendant leur tour devant une borne fontaine au débit trop faible pour remplir tous les canaris. Même si ces images d'épouvante et de détresse s'estompent depuis peu grâce à un bienheureux retour des pluies... et à la relative lassitude de l'opinion internationale, le Sahel a le triste privilège d'attirer depuis quelque vingt ans l'attention mondiale par la fréquence et la gravité des catastrophes qui le frappent, et les Sahéliens ont acquis le statut peu enviable de « damnés de la terre » de cette fin du XXe siècle. De l'Atlantique à la mer Rouge, on ne tient même plus la comptabilité macabre des décès dûs à la faim, aux maladies, aux conflits, sans que l'on discerne ce qui pourrait freiner la succession de ces calamités.

Mises à part quelques minorités privilégiées, tout le monde souffre dans ces pays qui ont perdu leurs anciens garde-fous sans pour autant trouver de nouveaux équilibres, mais les enfants sont les premières victimes d'une situation dont ils ne sont pas responsables. Et l'état dans lequel ils se trouvent aujourd'hui compromet un peu plus les chances de développement de demain. La vocation au malheur est-elle donc inscrite dans cette région qui donna à l'Afrique quelques-unes de ses plus belles civilisations et de ses heures de gloire ? Est-elle inscrite dans ces terres souvent plus généreuses qu'on ne le croit, dans ces populations obstinées à la tâche et dotées d'un étonnant dynamisme au regard des épreuves qu'elles subissent ? La fatalité de la misère émane-t-elle de la diversité des paysages et des peuples, de la volonté têtue de la majorité de sa population de parvenir à un mieux-être trop longtemps différé ?

Pas trop mal partis à l'aube des indépendances, pas plus pauvres en tous cas que bien d'autres nations du Sud, les pays du Sahel, s'ils ont commencé par enregistrer d'indéniables progrès, ont vu leur situation sociale en général et sanitaire en particulier se détériorer dangereusement depuis le début des années 1980, illustration tragique d'une crise aux multiples facettes : crise économique et écologique aux dramatiques prolongements sociaux, mais également crise politique et culturelle qui a souvent conduit aux conflits que l'on connaît. Cette région sinistrée, aux handicaps si nombreux qu'ils en paraissent insurmontables, ne manque pourtant pas totalement d'atouts pour sortir d'une période qui restera sûrement dans les mémoires comme une des plus sombres de son Histoire, pour faire que ses enfants qui naissent aujourd'hui aient les moyens de devenir des citoyens capables de prendre en charge le destin de leurs pays. Tenter de donner à ces enfants un avenir n'est pas une entreprise impossible, et certains s'y essaient depuis longtemps avec courage. Il est néanmoins nécessaire pour y parvenir de comprendre l'engrenage des mécanismes ayant abouti à la situation actuelle, de mesurer le poids des contraintes et celui des erreurs commises depuis trente ans, de quantifier la misère sanitaire de populations tragiquement sous-équipées, d'évaluer enfin ce qui a été fait et ce qui reste à faire pour que les peuples du Sahel cessent de figurer parmi les moins bien portants de la planète.

Tels sont les principaux thèmes que cet ouvrage se propose de passer en revue, en commençant par une brève description de la terre et de l'histoire de cet immense carrefour de civilisations, de la situation dans laquelle se trouvent aujourd'hui les pays qui le composent, avant d'aborder plus spécifiquement les problèmes auxquels sont confrontés les femmes et les enfants, toujours et en tous lieux premières victimes des crises. On essaiera enfin de donner un aperçu des stratégies actuellement mises en oeuvre et des recentrages nécessaires des politiques de développement pour sortir d'impasses qui n'ont que trop duré, et d'évaluer le rôle que joue et que peut jouer l'aide internationale aux pays sahéliens. Une telle synthèse, si brève soit-elle, devrait permettre de montrer qu'au-delà de la souffrance et des incertitudes, l'espoir existe pour les millions de jeunes Sahéliens qui seront adultes demain de recouvrer, en accédant à une vie meilleure, leur dignité.

S.B.

PREMIÈRE PARTIE

La grande misère du Sahel

Chapitre I

Unité et diversité du Sahel

Sahel. Le rivage. Ainsi les Arabes nommèrent jadis ces immenses confins sur lesquels vient s'échouer la plus vaste étendue désertique de la planète, le Sahara, qui déroule ses sables de l'Atlantique à la vallée du Nil et sépare le continent en deux parties d'inégale importance, le Maghreb au nord, étroite bande côtière s'étirant le long de la Méditerranée et, au sud, l'immense Afrique noire. Sahel : vaste zone où, après les rigueurs du désert et grâce à la présence de l'eau, la vie reprend ses droits, où, venant du nord, de l'est ou du sud, des peuples se sont rencontrés, battus et mélangés. Immense territoire de toutes les transitions : physique et climatique entre le désert au nord et plus au sud le domaine de l'humidité, humaine entre grands nomades sahariens, pasteurs transhumants et agriculteurs sédentaires là où la pluie tombe en quantités suffisantes pour permettre une occupation permanente des terroirs, culturelle entre les civilisations arabo-berbères du nord et les civilisations noires du sud. Zone de transition, c'est-à-dire porteuse de toutes les richesses que les peuples différents qui l'ont occupée y ont déposées, mais grosse aussi de tous les conflits entre nations aux cultures différentes et aux intérêts parfois opposés. Tel apparaît le Sahel, à l'étonnante diversité quels que soient les facteurs qui font son unité, et dont les contours actuels, délimités par les frontières de l'Histoire récente, dépassent ceux que lui avaient fixés il y a des siècles les voyageurs arabes.

La géographie

Le Sahel, géographiquement parlant, représente une large bande qui, d'ouest en est, est comprise entre l'isoyète 200 mm au-delà duquel s'étend au nord le domaine désertique et l'isoyète 700 mm au-delà duquel commence au sud une zone plus humide dite soudanienne, soit en gros entre les 17e et 13e parallèles de latitude Nord. Ainsi délimité, il inclut la majeure partie de la Mauritanie, du Sénégal, du Mali, du Niger, du Burkina Faso, ainsi qu'une partie non négligeable du Soudan, le tiers nord de l'Éthiopie, Djibouti et les franges septentrionales de la Somalie. C'est qu'à l'est du continent le climat désertique s'avance plus profondément vers le sud et englobe une partie de la Corne de l'Afrique qui fait face au-delà de la mer à un autre désert, celui d'Arabie. Le Sahel géographique ne suit donc pas tout à fait les parallèles et s'incurve plus largement au sud.

D'ouest en est d'ailleurs, il ne présente pas tout à fait la même physionomie. Si, des rivages mauritano-sénégalais jusqu'à l'est du Tchad, il se caractérise par d'interminables étendues de faible altitude, dépassant rarement 500 mètres, il présente à l'est un relief beaucoup plus contrasté depuis les massifs de l'Ennedi et du Darfour jusqu'à la dépression nilotique, pour arriver aux hautes montagnes éthiopiennes culminant à près de 5 000 mètres. Le « vrai » Sahel, celui des géographes, s'arrête d'ailleurs au Tchad, son unité morphologique et climatique étant beaucoup plus évidente : longue saison sèche et courte saison des pluies qui s'allonge à mesure qu'on descend vers le sud, immenses fleuves qui prennent leur source dans ce château d'eau de l'ouest africain qu'est le Fouta Djalon et s'étirent sans presque de pente sur des milliers de kilomètres, comme le Niger et son delta intérieur qui couvrent trente mille km^2, similitude des paysages plats recouverts d'une steppe parsemée d'épineux propice à l'élevage. A l'est, les choses se compliquent, et la seule véritable analogie avec le Sahel de l'ouest est constituée par l'aridité du climat et l'irrégularité des précipitations.

Sauf peut-être les îles du Cap Vert situées en plein Atlantique au large du Sénégal, il n'existe donc pas de pays situé uniquement en zone sahélienne, et les États sahéliens qui comprennent à l'intérieur de leurs frontières des parties sahariennes et des étendues non négligeables situées en zone soudanienne, couvrent un territoire beaucoup plus vaste que le Sahel proprement dit. En année pluviométrique normale, la Casamance reçoit entre 1 et 1,7 mètre de pluie par an répartie sur près de six mois. La pluviométrie de la Guinée Bissau s'apparente davantage au régime soudanien qu'à celui du Sahel. Le sud-ouest du Burkina reçoit de 1 à 1,4 mètre d'eau annuellement de même que les parties méridionales du Mali et du Tchad, sans parler du tiers sud du Soudan et d'une partie non négligeable de l'Éthiopie où l'existence de deux saisons des pluies permet de faire dans certaines régions deux récoltes par an. Quand il pleut correctement, ces régions soudaniennes, pourtant souvent les plus peuplées, sont d'ailleurs régulièrement excédentaires en céréales.

Presque tous donc à cheval sur plusieurs zones climatiques, le Cap Vert, la Mauritanie, le Sénégal, la Gambie, la Guinée Bissau, le Mali, le Niger, le Burkina Faso, le Tchad, le Soudan, l'Éthiopie, Djibouti et la Somalie couvrent ensemble un territoire de 9,72 millions de km^2, soit 56 % de la superficie totale de l'Afrique sub-saharienne, certains de ces États figurant parmi les plus vastes d'Afrique comme le Soudan (2,5 millions de km^2) ou le Niger (1 267 000 km^2), et d'autres parmi les plus petits comme Djibouti (23 000 km^2) ou le Cap Vert (4 000 km^2). Leur population totale est de l'ordre de 115 millions d'habitants, soit à peine plus du quart de la population totale de l'Afrique sub-saharienne. Mise à part l'Éthiopie et ses 45 millions d'habitants, la plupart des pays de la région se caractérisent en effet par de faibles densités de population qui deviennent toutefois plus nombreuses à mesure qu'on descend vers le sud. Quatre États de la zone sahélienne ont moins de deux millions d'habitants, dix d'entre eux ont une population inférieure à 10 millions d'habitants.

Une histoire tourmentée

Les États actuels ne sont que les lointains héritiers de ceux qui firent l'Histoire de la région et fédérèrent les peuples qui se partagent l'espace sahélien. Là encore, de grandes différences existent entre l'ouest et l'est. Le Soudan, l'Éthiopie et la Somalie furent profondément marqués par la proximité à la fois de l'Égypte et de la péninsule arabe. C'est peu dire qu'il s'agit d'une contrée au peuplement ancien : la Corne de l'Afrique, le pays de Punt des Égyptiens de l'Antiquité, est le berceau de l'humanité, et l'hominien s'est mis debout pour la première fois quelque part sur les rives de l'Omo, dans la Rift Valley éthiopienne. C'est là aussi que naquirent quelques-unes des plus brillantes civilisations de la région comme celle d'Axum, royaume créé au premier siècle après J.C., situé au point de rencontre entre l'Afrique et l'Asie, et qui se convertit au christianisme dès le IVe siècle. Si l'islam s'implanta à partir du VIIe siècle dans l'actuelle Érythrée et rayonna dans toute la Corne, l'Éthiopie demeure jusqu'à aujourd'hui le seul État chrétien de la région. L'ancien royaume mythique du prêtre Jean, dont les Européens du Moyen Âge soupçonnaient l'existence, passa au siècle dernier sous le contrôle des Amhara, entra dans l'Histoire moderne avec le règne de Ménélik II, vainqueur des Italiens à Adoua en 1896, et se targue d'être le seul pays d'Afrique à n'avoir jamais été colonisé. La légende veut que le premier empereur d'Éthiopie, Ménélik, naquit il y a trois millénaires des amours du roi hébreu Salomon et de la reine de Saba, nom antique du Yémen. Il ne fait aucun doute en tout cas que l'histoire éthiopienne présente une profonde originalité par rapport à celle des autres États sahéliens.

À l'Ouest, le premier grand empire fut créé au IXe siècle sur l'actuel territoire de la Mauritanie et d'une partie du Mali. Pendant deux siècles, le Ghana, riche de son commerce d'or et de sel entre les rives nord et sud du Sahara fut l'État le plus puissant d'une région qui fit donc connaissance dès cette époque avec des structures étatiques et des sociétés fortement hiérarchisées selon des systèmes de castes qui sont loin d'avoir disparu aujourd'hui. Plus à l'est, l'empire mandingue du Mali connut ses heures de gloire aux XIIe et XIIIe siècles avant de tomber dans une longue décadence dont profita l'empire Songhaï de Gao pour se développer et imposer sa loi à la plus grande partie du Mali et du Niger actuels. Il succomba à son tour à la fin du XVIe siècle sous le coup des armées marocaines du sultan El Mansour. Plus à l'est encore, le royaume du Kanem naquit sur les rives du lac Tchad vers 800, adopta officiellement l'islam au XIe siècle, connut son apogée vers le milieu du XIIe siècle, avant d'être englobé dans le royaume du Bornou. Fondés sur le contrôle des grandes routes transsahariennes avec lesquelles ils se sont d'ailleurs déplacés au cours des siècles, mais riches également d'une agriculture relativement prospère dans les zones correctement arrosées, ces grands empires progressivement islamisés ont profondément marqué l'histoire et la mémoire collective des Sahéliens.

La conquête de l'Amérique par les Européens où ils trouvèrent l'or qui venait jadis d'Afrique à partir du XVIe siècle, le déclin des routes transsahariennes, l'essor du commerce transatlantique et de la traite des esclaves qui donna à la côte ouest-africaine une importance qu'elle n'avait jamais eue, signèrent la marginalisation économique et partant politique de l'espace sahélien. Il est dès lors, et pour plusieurs siècles, divisé en royaumes aux dimensions plus modestes et aux fortunes diverses : royaumes du Fouta, royaumes Mossi fortement centralisés et dont l'homogénité permit de résister à la pression musulmane, royaumes Bambara, animistes également, de Ségou et du Kaarta, tous situés nettement au sud des anciens empires et davantage fondés sur l'agriculture que sur le grand commerce. Le Sahel attend jusqu'au XIXe siècle pour connaître à nouveau les conquêtes et la fondation de puissants États : la première moitié du siècle dernier est en effet marquée par l'irrésistible ascension des Peuls et des Toucouleurs, musulmans rigoristes et militants, alors que l'islam était essentiellement demeuré jusque là la religion des élites dans une bonne partie de la région. Guerriers et conquérants, les Peuls se rendent maîtres de la région soudano-sahélienne, fondent les empires de Sokoto et du Macina sur les décombres des royaumes Bambara et descendent au sud jusqu'au massif aujourd'hui camerounais de l'Adamaoua.

C'est une région cette fois-ci définitivement islamisée et profondément restructurée que se partagent les colonisateurs à partir des années 1880, et le Sahel politique est aujourd'hui davantage le résultat du découpage colonial que de l'Histoire qui précéda ce siècle. Mises à part quelques enclaves portugaises et britannique, le Sahel occidental a été français pendant près d'un siècle : sept des treize États sahéliens couvrant une superficie de plus de 5 millions de km² mais abritant une population de moins de 40 millions d'habitants sont d'anciennes possessions françaises, et six d'entre eux ont adopté après leur indépendance le français comme langue officielle, la Mauritanie ayant quant à elle choisi l'arabe. La présence britannique dans la région se réduit à la Gambie, territoire vaste de 11 000 km² totalement enclavé dans le Sénégal, et celle des Portugais à la Guinée Bissau et à l'archipel du Cap Vert, modestes vestiges d'une puissante présence portugaise sur la côte ouest-africaine dès le XVe siècle. À l'est en revanche, la prépondérance française cède la place à celle des Britanniques qui s'attribuèrent l'immense Soudan « anglo-égyptien », parcouru du sud au nord par le Nil et partagé entre populations musulmanes et arabisées au Nord et peuples plus proches de ceux de l'Afrique des Grand Lacs, animistes ou chrétiens au sud. Londres caressa d'ailleurs un moment l'idée de détacher du Soudan l'immense province d'Equatoria pour la rattacher à ses possessions situées plus au sud. À la Grande Bretagne encore la partie nord de la Somalie située entre l'enclave française de Djibouti et la Somalie italienne. Ayant échoué dans sa tentative de coloniser durablement l'Éthiopie, l'Italie, puissance coloniale mineure, a tout de même réussi à se tailler un petit empire dans l'Est africain, composé de l'Érythrée et de la majeure partie de la Somalie.

Quatre colonisateurs à la langue et aux systèmes de gouvernement et d'exploitation différents vinrent ainsi compliquer un peu plus la mosaïque sahélienne, laissant derrière eux en se retirant une douzaine d'États aux frontières arbitrairement tracées, englobant des peuples souvent profondément différents. Le seul regroupement auquel on assista fut celui des deux Somalie britannique et italienne, qui donna naissance à la République de Somalie. L'Éthiopie annexa quant à elle en 1962 l'Érythrée placée par les Nations Unies sous sa tutelle depuis 1952. Mais la décomposition actuelle des États de la Corne remet aujourd'hui en cause les frontières tracées dans les années 1960.

Dès avant les indépendances, les élites nationales qui dirigèrent les mouvements d'émancipation eurent conscience des dangers que recélaient à la fois un extrême morcellement et la naissance d'États englobant à l'intérieur de leurs frontières des peuples qui s'étaient au cours de leur histoire plus d'une fois combattus. L'on sait la préférence manifestée par Léopold Senghor pour la création d'une vaste entité indépendante conservant les frontières de l'ancienne Afrique occidentale française. Mais les nationalismes nés sous la colonisation, les intérêts parfois divergents des nouvelles élites, l'influence encore déterminante des anciennes puissances coloniales vinrent rapidement à bout de ces velléités. Même les unions qui virent alors le jour connurent une vie éphémère : ainsi la Fédération du Mali composée des colonies françaises du Sénégal et du Soudan éclate au bout de quelques mois d'existence en 1960. Près de quinze ans plus tard, le Cap Vert et la Guinée Bissau ayant arraché de haute lutte leur indépendance en 1974 gardent entre eux des liens étroits forgés du temps du combat anticolonial commun et devant théoriquement mener à l'unité. Le contraire se produit et, en 1981, Praia et Bissau rompent les liens qui les unissaient. Plus récemment encore, le président sénégalais Abdou Diouf mettait officiellement fin en août 1989 à la confédération sénégalo-gambienne, dont l'évidence est pourtant inscrite dans la géographie, mais qui n'était pas parvenue à devenir réalité. Depuis les années 1960, bien des tentatives d'intégration économique, nécessaires pour des États aux dimensions souvent modestes et disposant de ce fait d'un marché intérieur étroit, ont été menées, sans réel succès jusqu'à présent.

À l'aube des indépendances

Richesse de la diversité ethnique et culturelle, fragilité des assises et des structures caractérisent ainsi ces nouveaux États qui ont à l'indépendance presque tout à construire. Malgré l'ancienneté des civilisations urbaines dans des régions comme la boucle intérieure du Niger, les citadins y sont très minoritaires et les ruraux constituent parfois jusqu'à 98 % de la population totale. Ces derniers se partagent entre cultivateurs sédentaires et pasteurs nomades ou transhumants dont les relations sont marquées depuis des siècles par une coexistence nécessaire mais souvent conflictuelle. Aujourd'hui encore, et malgré les avancées de la sédentarisation, 46 % de la population somalienne est nomade, contre 29 % d'agriculteurs sédentaires. 10 % de la population soudanaise est encore nomade. Les Peuls, éleveurs transhumants sur les parcours situés entre les isoyètes 400 et 200 mm de pluies annuelles, constituent environ un tiers de la population totale des pays du Sahel de l'ouest. Au Niger, 16 % de la population rurale est composée d'éleveurs. La colonisation n'a qu'assez peu modifié les rapports de production prévalant dans les régions sahéliennes, ayant concentré ses efforts sur les zones mieux arrosées propices aux cultures commerciales. Les choix économiques opérés à partir des indépendances et les terribles années de sécheresse y parviendront beaucoup plus radicalement.

En 1960, date symbole de l'émancipation même si certains d'entre eux furent libérés quelques années avant et d'autres bien plus tard, les pays sahéliens sont encore profondément dépendants de leurs anciennes puissances tutrices. Leur population totale est alors d'une soixantaine de millions d'habitants dont plus de 90 % vivent dans les campagnes. L'agriculture contribue pour près des deux tiers à la formation de leur produit intérieur brut, mais elle est très peu diversifiée : d'un côté, une agriculture céréalière et extensive de subsistance qui parvient en gros à nourrir la population et un élevage lui aussi extensif dans les zones sahéliennes ; de l'autre, des cultures de rente introduites et développées par le colonisateur qui constituent pour la plupart d'entre eux la seule richesse d'exportation : arachide au Sénégal et au Niger, coton dans l'immense périmètre irrigué de la Guézirah au Soudan, café en Éthiopie qui, bien qu'elle n'ait été colonisée que sept ans, a une structure économique analogue à celle de ses voisins, banane en Somalie. Mise à part la Mauritanie, les produits agricoles représentent, en 1960, 90 à 100 % des exportations sahéliennes. Excepté la Haute-Volta dont les exportations sont presqu'exclusivement constituées de bétail sur pied à destination des pays situés plus au sud, quelque 80 % des exportations sahéliennes sont destinées aux pays développés occidentaux, c'est-à-dire aux anciennes métropoles.

En 1960, le Soudanais a une espérance de vie à la naissance de 41 ans, la plus élevée de la région. Ailleurs, elle ne dépasse pas 36 ans. La Haute-Volta a un médecin pour 100 000 habitants et le pays le mieux loti dans ce domaine, la Mauritanie, un pour 30 000. Le pourcentage des enfants d'âge scolaire inscrits à l'école primaire varie de 27 % au Sénégal à 5 % en Éthiopie et au Niger. Les filles sont encore moins nombreuses à fréquenter l'école : si 17 % d'entre elles y ont accès au Sénégal, elles ne sont que 3 % en Éthiopie et au Niger, 4 % au Mali et au Tchad. Si quelques progrès dans le domaine social ont été effectués à l'époque coloniale comme la lutte relativement efficace contre certaines grandes endémies dans l'Afrique française, si quelques infrastructures, bien embryonnaires au demeurant, ont été léguées par l'occupant, l'héritage colonial est maigre, et l'Afrique sahélienne accède à la souveraineté tragiquement sous-équipée : des populations en grande majorité analphabètes et au niveau sanitaire désespérément bas, des cadres en nombre insuffisant pour assurer la bonne marche des nouveaux États, des économies façonnées pour répondre aux besoins métropolitains de certains produits de base et presque pas complémentaires entre elles, les handicaps à surmonter sont légion en ce début des années soixante.

L'époque pourtant est à l'euphorie de la liberté retrouvée, et des perspectives semblent s'ouvrir aux peuples nouvellement indépendants. De grands espoirs paraissent d'autant plus permis que la situation des États sahéliens n'est pas beaucoup plus mauvaise que celle de bien d'autres pays du tiers-monde. C'est l'Asie du Sud qui représente alors aux yeux du monde la misère absolue. C'est vers les pays du sous-continent indien, continent de la faim par excellence, qu'afflue dans les années soixante l'aide alimentaire occidentale. La fin des années 1950 et le début des années 1960 sont en revanche une période de bonne pluviométrie au Sahel, le spectre de la disette ne hante pas l'horizon, ni celui d'une quelconque surpopulation. Le potentiel agricole est, dans la plupart des pays, assez peu entamé, et les possibilités d'un développement relativement équilibré, malgré la modestie des ressources, ne sont pas totalement inexistantes.

Chapitre II

Quelques avancées, mais un bilan globalement négatif

Les pays sahéliens continuent d'enregistrer au cours des années soixante une croissance qui, sans être spectaculaire, n'est pas négligeable et plutôt supérieure à celle d'une population dont l'accroissement, pour être rapide, ne semble alors avoir rien d'alarmant. Avec un taux d'accroissement démographique de 2,7 % par an entre 1960 et 1970, le Niger arrive largement en tête alors que l'Éthiopie voit sa population croître au rythme de 2 % par an, la Mauritanie de 1,8 % et le Tchad de 1,7 %. Au regard de ces pourcentages, la croissance annuelle du PIB n'est pas déshonorante : si la Mauritanie fait figure d'exception avec un taux de 8,1 % uniquement dû à la mise en service des mines de fer, l'Éthiopie atteint 4,4 %, le Mali, le Tchad, le Niger, le Soudan et le Sénégal se situent entre 2,5 et 3 % tandis que la Somalie et la Haute-Volta font figure de lanternes rouges avec des taux de croissance inférieurs à 2 %. Si elle est encore loin d'être brillante, la situation sanitaire a légèrement progressé : l'espérance de vie des Sahéliens frise au début des années 1970 les quarante ans et la couverture médicale des populations s'est un peu améliorée. En matière d'éducation, les résultats sont plus qu'encourageants pour certains pays : le taux de scolarisation primaire du Soudan a atteint 40 % au début des années 1970, celui de la Somalie dépasse 50 % et 40 % des filles y vont à l'école. Le Sénégal scolarise quant à lui environ la moitié de ses enfants au primaire. D'autres pays en revanche restent résolument à la traîne : la Haute-Volta, le Niger et la Mauritanie envoient à la fin des années 1960 moins de 20 % de leurs enfants à l'école primaire. Enfin, si les indépendances ont presque partout donné naissance à des régimes autoritaires, une relative stablité politique règne dans la région encore assez peu sujette aux coups d'État dans la première moitié des années 1960, et des conflits intérieurs graves affectent pour l'instant uniquement le Soudan où les peuples du Sud réclament une large autonomie, et l'Éthiopie où l'Érythrée qui n'a jamais accepté son annexion commence à se soulever les armes à la main contre le régime impérial d'Addis Adeba.

Des pays dépendants et extravertis

Vingt ans plus tard, en 1990, le Sahel, on l'a dit, est une zone globalement sinistrée. À de rares exceptions près comme le Cap Vert, les États qui le composent alignent les contre-performances et leur dépendance vis-à-vis des pays industriels occidentaux et des institutions financières internationales n'a jamais été aussi grande. Record de pauvreté : dix des treize États saméliens sont inscrits sur la liste des PMA (pays les moins avancés) et figurent donc parmi les plus misérables du monde. Si, en chiffres absolus, leur dette extérieure est relativement modeste par rapport à celle des grands États d'Asie ou d'Amérique latine et presqu'exclusivement constituée par des prêts publics, ils figurent, si on rapporte ce montant à leur PNB parmi les États les plus endettés du monde (*voir Tableau I, page ci-contre*).

TABLEAU I

L'ENDETTEMENT DES PAYS SAHÉLIENS (1) EN 1988

Pays	Total dette extérieure Millions $	% du PNB (dette long terme)	Service dette en % des exportations (dette long terme)	Aide/habit. dons et prêts
Cap Vert	131	69	18,2	28
Mauritanie	2 035	215	22,3	9
Sénégal	3 695	69	13	9
Gambie	319	151		12
Guinée			37	
Bissau	424	321	10	11
Mali	2 016	96	47	4
Niger	1 679	73		5
Burkina				
Faso	861			3
Tchad	318		4	3
Soudan	11 388	102	7	3
Ethiopie	2 590	46	28,4	1
Djibouti	181			23
Somalie	1 965	237	8,3	10

(1) Dette militaire exclue
Source : Banque mondiale

Au-delà du fardeau immédiat que représentent aujourd'hui ces montants, cela signifie aussi que les États sahéliens ont durablement endetté les générations futures, et que les enfants qui naissent aujourd'hui auront à rembourser pendant longtemps les dettes accumulées par leurs aînés.

Autre mesure, et non moins grave, de la dépendance, les recettes d'exportation ne couvrent qu'une très faible part des dépenses d'importation dont la plupart sont incompressibles. Mis à part les deux États miniers qui, quels que soient les fluctuations des cours mondiaux du fer et de l'uranium et les aléas de leur production, s'en sortent moins mal – le Niger a un taux de couverture des importations par les exportations de 86,5 % et la Mauritanie de 90 % –, rares sont les États dont le taux de couverture dépasse 50 %. Il s'agit du Soudan avec 69 % et du Sénégal avec 50 %. Tous les autres États de la région ont une **balance commerciale tragiquement déficitaire**. Les taux de couverture de l'Éthiopie, du Burkina Faso et de la Gambie se situent entre 35 et 41 %, les exportations somaliennes couvrent moins du quart des importations et celles de Djibouti 12 %. Or les deux tiers environ des importations (les 3/4 pour le Niger) sont constitués par des produits alimentaires, des combustibles et du matériel d'équipement. Seules les importations de biens de consommation manufacturés peuvent être limitées dans l'immédiat, ce que plusieurs pays ont d'ailleurs entrepris de faire depuis le milieu des années 1980.

La majeure partie des exportations des États sahéliens est en outre destinée aux pays industriels occidentaux et principalement à la CEE à laquelle ils sont tous commercialement liés par les accords de Lomé. Si ces derniers ne sont pas dépourvus d'avantages, entrée en franchise des produits sahéliens dans l'Europe des Douze, système de stabilisation des recettes d'exportation, il est certain que la **faible diversification du commerce sahélien** et surtout le modeste développement du commerce régional est un indice supplémentaire de leur fragilité.

Enfin, à quelques notables exceptions comme l'Éthiopie, **les États sahéliens figurent aujourd'hui parmi les plus aidés du monde** et le montant de l'aide qu'ils reçoivent par habitant (*voir tableau I p. 33*) tendrait à faire penser qu'il s'agit là de plus en plus d'économies sous perfusion. Certains des pays les plus aidés ne sont pas forcément d'ailleurs ceux qui s'en sortent le mieux, et l'on commence à s'interroger, y compris à l'intérieur des organisations internationales, sur les modalités d'une assistance dont la preuve de l'efficacité n'a pas toujours été faite.

Un niveau de vie qui a globalement baissé

Ni les emprunts effectués, ni les dons octroyés par les nations riches n'ont réussi à améliorer réellement la vie des Sahéliens, pas même à stabiliser le niveau de vie qui était le leur dans les années soixante. La dégradation de l'économie sahélienne se mesure aujourd'hui à la dramatique détérioration des conditions d'existence des populations. Si aléatoire que soit ce paramètre de la richesse dans la mesure où il ne prend guère en compte les différences régionales, le fossé qui sépare les villes des campagnes, les inégalités sociales, il n'est quand même pas inutile de constater que le PNB par habitant le plus élevé de la région, celui du Sénégal, ne dépasse pas 520 $ en 1988. Trois pays, l'Éthiopie, le Tchad et le Burkina Faso ont un PNB par tête inférieur à 200 $ et trois autres, le Mali, le Niger et la Somalie, un PNB par tête situé entre 200 et 300 $. Ce n'est pas brillant. Ce qui est pire, c'est de constater que ce PNB a diminué dans la plupart des pays concernés depuis le milieu des années 1970 et n'a commencé à se stabiliser, ou à progresser pour certains d'entre eux, que depuis trois ans, avec le retour de récoltes satisfaisantes. De 1980 à 1987, l'Éthiopie, le Niger, la Somalie, le Soudan et la Mauritanie, c'est-à-dire la majeure partie de la population sahélienne, ont enregistré des taux de croissance négatifs de leur PNB par habitant pouvant aller jusqu'à moins 4,9 % par an dans le cas du Niger. Le PIB du Mali était en 1985 inférieur de 5 % à son niveau de 1979 alors qu'au cours de cette période la population avait augmenté de 17 %.

Après une détérioration lente mais continue depuis la fin des années soixante, celui du Sénégal se stabilise à peine, de même que celui de la Guinée Bissau, du Mali et de la Gambie. Seuls le Tchad après des années de profonde dépression et le Burkina Faso, semblent faire preuve d'un certain dynamisme.

La production alimentaire par habitant a pour sa part diminué partout. Quatre pays, l'Éthiopie, le Tchad, la Somalie et le Sénégal, ont vu diminuer leur apport calorique journalier par habitant, qui en général était déjà insuffisant, entre 1965 et 1986. Seuls les habitants du Cap Vert, du Niger, de la Gambie et de la Guinée Bissau ont vu leur ration alimentaire augmenter assez pour atteindre le minimum calorique défini par la FAO. L'apport calorique est resté globalement stable dans les autres pays de la région, c'est-à-dire le plus souvent insuffisant par rapport aux quantités considérées comme nécessaires pour assurer une nourriture correcte.

Globalement plus pauvres qu'il y a vingt ans, les Sahéliens voient en outre depuis quelques années leur accès aux principaux services sociaux de plus en plus limité. Les espoirs nourris au lendemain des indépendances d'améliorer leur condition grâce à une généralisation de l'éducation et à une démocratisation des soins de santé s'est envolée. La tâche il est vrai dans ces domaines n'était pas facile, mais force est de constater aujourd'hui que certains des progrès enregistrés dans les années soixante ont été annulés par la crise des années 1980. En matière d'alphabétisation et de scolarisation les avancées, quand il y en a, sont maigres : en 1987, le taux de scolarisation primaire ne dépassait pas 24 % au Burkina. Au

Tchad, où l'éducation primaire n'est pas obligatoire et où les enfants de 6 à 14 ans représentent 15 % de la population totale, leur taux de scolarisation atteignait 37 % en 1988. À Djibouti, pays aux dimensions modestes qui a pourtant fourni de notables efforts alors que la colonisation l'avait laissé sur ce chapitre dans un dénuement quasi complet, le taux de scolarisation primaire est actuellement de 42 %. Au Niger, il ne dépassait pas 21 % en 1987 alors qu'il atteignait 28 % en 1983. Au Mali, il est passé de 24 % en 1965 à 23 % en 1985. Les niveaux de scolarisation restent donc désespérément bas. Il ne faut pas oublier cependant le rôle important joué par l'enseignement coranique dans la quasi-totalité des pays sahéliens. Des milliers d'enfants y sont comptabilisés comme non scolarisés alors qu'ils sont alphabétisés, même si c'est à un niveau très rudimentaire, dans la langue arabe. Mais, sauf en Mauritanie où l'arabe est langue nationale et au Tchad où il est la seconde langue officielle après le français, l'enseignement coranique n'ouvre aucune voie professionnelle aux enfants qui le suivent, et joue davantage le rôle de gardien des traditions et de garderie.

Il n'empêche. En chiffres absolus, le nombre d'analphabètes a augmenté dans presque tous les pays sahéliens, le nombre des enfants morts en bas âge aussi. Nous y reviendrons.

Sombre tableau. Encore ces généralités ne reflètent-elles que très imparfaitement la détresse des habitants des bidonvilles urbains poussés par la misère des campagnes vers des villes qui n'ont pas grand chose à leur offrir, la pauvreté des populations des zones marginales trop éloignées des centres de décision pour bénéficier de leurs modestes bienfaits, le désarroi de franges de plus en plus importantes de la population que tout concourt à faire désespérer de l'avenir. Nous y reviendrons aussi.

Le désastre écologique

Le présent sahélien est sombre. Pire encore, l'avenir est hypothéqué. Sujets à d'importantes variations climatiques, résultants de fragiles équilibres entre les hommes, l'eau, la terre et la végétation, les écosystèmes sahéliens sont vulnérables. Au cours des deux dernières décennies, ils ont été soumis à des agressions telles que leur viabilité paraît durablement compromise. Les équilibres anciens, fondés sur une faible occupation des sols, sur une gestion prudente des terres, sur une répartition des surfaces agricoles selon leur vocation entre culture et élevage, sont aujourd'hui en partie détruits. Les sécheresses répétées, la pression démographique, l'appauvrissement des terres sont à l'origine d'un désastre dont on commence depuis quelques années à mesurer l'ampleur. Ici aussi la nature, et plus encore les hommes, laissent un lourd héritage aux générations futures qui, contrairement à ce qu'ont fait leurs aînés, devront gérer parcimonieusement un patrimoine que l'on a trop longtemps cru inépuisable et qui, pour certaines régions de la zone sahélienne, est proche aujourd'hui de l'épuisement.

Plusieurs phénomènes se conjuguent pour détruire l'environnement sahélien. Ils ont tous des causes multiples et complexes, et les spécialistes se partagent entre tenants des causes climatiques ayant engendré la désertification, et défenseurs des causes anthropiques de l'appauvrissement des ressources naturelles. S'il n'en est pas l'unique responsable, il est en tout cas certain que l'homme a fortement contribué à l'accélération de la désertification, au cours des vingt dernières années, et qu'il est à l'origine d'une destruction massive du couvert forestier.

Le désert, dit-on, avance vers le sud de six kilomètres par an, et les dunes, il est vrai, se profilent aujourd'hui non loin de Dakar, dans une zone où la présence du sable était naguère inconnue. Quant à la déforestation, elle est tout simplement catastrophique. Au début de ce siècle, les forêts couvraient 40 % du territoire éthiopien, elles n'en occupent aujourd'hui que 4 % et l'on estime à deux millions de m^3 par an les pertes en terre arable du fait d'un ruissellement qui n'est plus empêché par aucune végétation. Dans un pays aux dimensions aussi modestes que la Guinée Bissau, ce sont plus de 50 000 hectares qui sont déboisés chaque année. Dans des États dont la plus grande partie du territoire est située en zone saharienne ou sahélienne, où la végétation est principalement constituée par une steppe à épineux, ce sont près de 100 000 hectares de couvert végétal qui sont anéantis chaque année. Du fait de la déforestation de la région soudano-sahélienne et des défrichements effectués plus au sud, l'harmattan, ce vent venu du grand désert, souffle désormais jusqu'en Côte d'Ivoire. On estime actuellement à près de 600 000 hectares les surfaces déboisées chaque année dans les treize pays sahéliens. Si le rythme actuel se poursuit, le Niger et la Guinée Bissau seront totalement dépourvus de formations ligneuses dans moins de 40 ans, la Mauritanie et la Gambie dans 43 ans, le Burkina Faso dans moins de 60 ans. En termes de sauvegarde, cela signifie demain. D'autant que les treize pays pris ensemble reboisent environ 25 000 hectares par an, à peine 4 % de ce qu'ils détruisent. Les plus grands prédateurs sont ceux qui font le plus d'efforts dans ce domaine : on compte 11 000 hectares de reboisements annuels au Soudan et 6 000 hectares en Éthiopie, mais ces réalisations sont dérisoires par rapport à l'énormité des besoins.

Sécheresse et pression démographique ont été, en l'absence de toute intensification des systèmes culturaux, les principaux responsables de la désertification. Pendant les années soixante, en effet, on a assisté à un accroissement notable du cheptel dû à une forte pluviosité et à l'impact positif des campagnes de vaccination du bétail. Dans le même temps, poussées à la fois par l'augmentation de la population et par l'extension de l'agriculture commerciale dans les régions les mieux arrosées (près de la moitié des superficies cultivées du Sénégal sont plantées en arachide), les cultures céréalières ont empiété sur les zones moins propices à une agriculture permanente et traditionnellement vouées à l'élevage. Conjugée aux terribles années de sécheresse cette surcharge pastorale, cette extension des terres cultivées vers des zones écologiquement plus vulnérables, sans compter l'abandon des jachères sous la pression de l'accroissement des besoins vivriers, ont provoqué les catastrophes que l'on sait. L'augmentation de la production vivrière s'est faite quasi exclusivement par une extension des surfaces cultivées et non grâce à une intensification des méthodes culturales et de la productivité des agriculteurs. Signe de l'appauvrissement quasi général des sols : presque partout, les rendements céréaliers ont diminué, passant ainsi au Niger de 520 à 420 kg/ha en vingt ans. L'abandon par ailleurs d'un certain nombre de pratiques traditionnelles qui compensaient le manque de fumure et l'insuffisante intégration cultures/élevage, comme les cultures associées, a contribué à la dégradation du patrimoine pédologique.

Quant aux forêts ou à ce qu'il en reste, le poblème est si l'on peut dire encore plus grave, et l'on réalise à quel point la misère et la faiblesse du niveau de vie peuvent être des facteurs de la dégradation de l'environnement. Il paraît en effet difficile de prévoir à court terme un arrêt ou même un ralentissement de leur destruction, le bois de feu et le charbon de bois demeurant dans la totalité de la région le principal combustible ménager : ils représentent 93 % de la consommation énergétique du Mali, 86 % de celle du Niger, plus de 80 % de celle du Burkina Faso et du Tchad, 70 % au Cap Vert et en Mauritanie et 60 % au Sénégal. La croissance urbaine, qui ne s'est pas accompagnée d'une mise à la disposition des citadins de combustibles « modernes », accélère la dégradation du couvert forestier autour des agglomérations, et il faut aujourd'hui aller de plus en plus loin à la recherche d'un bois de feu qui devient rare et cher. Seulement voilà, sans parler de l'électricité qui reste un luxe réservé à une minorité, le fagot est tout de même moins coûteux, plus accessible et plus familier que la bouteille de butane. Certaines activités artisanales en outre, comme le fumage du poisson dans le delta intérieur du Niger, sont de très grosses consommatrices de bois. Les tentatives entreprises dans plusieurs pays pour enrayer une déforestation qui prend des allures de catastrophe : mise en défens de certaines zones, subventions accordées au gaz butane, mise au point de foyers améliorés moins gaspilleurs en combustible, ne se sont pas suffisamment généralisées pour renverser la tendance. C'est toute une politique d'agroforesterie, de plantations et souvent de modification du statut foncier des terres qu'il conviendrait d'entreprendre.

À la désertification, à la déforestation, s'ajoutent en outre de nouvelles formes de dégradation de l'environnement arrivées dans le sillage du « progrès ». L'on sait par exemple que les grands barrages de retenue dans lesquels on a trop souvent vu au Sahel la seule solution aux problèmes vivriers, provoquent une salinisation des terres et une remontée des nappes phréatiques, sans parler de la recrudescence de certaines maladies parasitaires comme la bilharziose, l'onchocercose ou le paludisme. On estime que la superficie des terres stérilisées chaque année par ces phénomènes équivaut actuellement à celle des terres nouvellement gagnées à l'irrigation. L'environnement urbain enfin, de par la tragique insuffisance d'infrastructures d'hygiène et d'assainissement, de par l'absence de précautions prises lors de la constuction de nouvelles unité industrielles, tend lui aussi à devenir de plus en plus insalubre, mettant en péril la vie de milliers d'enfants.

L'arc de guerre sahélien

Entre le Sénégal et la Mauritanie, fort heureusement, ce n'est pas la guerre. Mais un nouveau foyer de tension avec son cortège de morts, de réfugiés, de personnes déplacées est venu, dans l'extrême Occident sahélien, s'ajouter à ceux qui déstabilisent la région depuis des décennies et interdisent la mise en oeuvre de toute stratégie de développement durable. Il n'est pas facile d'être des États à cheval sur plusieurs civilisations, sur plusieurs religions, sur plusieurs modes de vie, et les nouveaux nationalismes nés du découpage colonial n'ont guère contribué à simplifier les données géopolitiques de la région.

Quelles que soient en tout cas les raisons des querelles, et elles sont multiples, allant des revendications nationalistes aux conflits que l'on qualifie parfois hâtivement d'ethniques, aux guerres entre États ou à la contestation par une partie de la population et des élites de la légimité des régimes en place, l'état de guerre a trop souvent été le lot des populations civiles, au Tchad pendant de longues années, au Soudan, en Éthiopie, en Somalie aujourd'hui. Les guerres ont accru les risques de famine, empêché la venue en aide aux populations, détruit les infrastructures sanitaires et sociales, provoqué d'intenses mouvements migratoires d'un pays à l'autre ou à l'intérieur des frontières d'un pays, déstructurant un peu plus des économies et des sociétés déjà confrontées à de nombreux problèmes de sous-développement. La période de guerre au Tchad, c'est-à-dire la fin des années 1970 et le début des années 1980, a entraîné une recrudescence de toutes les maladies sur une population affaiblie, et même la réapparition de certaines endémies que l'on croyait disparues comme la trypanosomiase humaine. En 1989, 45 % des malades traités dans les services de santé de Djibouti étaient Éthiopiens ou Somaliens, c'est dire le poids des réfugiés venus des pays voisins sur un État dont ils constituent près de 5 % de la population totale. Les conséquences de la guerre civile soudanaise sont, on le sait, catastrophiques : plus d'un million de personnes déplacées s'agglutinent dans l'agglomération de Khartoum, des centaines de milliers de personnes croupissent dans les camps de réfugiés, 400 000 Soudanais du sud ont fui en Éthiopie et en Ouganda mais le Soudan accueille aussi tant bien que mal près d'un million de réfugiés venus des pays voisins. On estime que de 1986 à 1990, 400 000 Soudanais sont morts de famine et de maladies, conséquences indirectes de la guerre, et que la moitié des six millions de Soudanais du sud ont été à un moment ou à un autre déplacés. Au Sénégal et en Mauritanie, l'accueil et l'insertion des populations respectivement rapatriées après les événements d'avril 1989 continuent de poser de nombreux problèmes.

Dernière conséquence et non des moindres de cette instabilité quasi permanente de nombreux États sahéliens, les budgets de la défense y dépassent souvent de loin les sommes consacrées aux infrastructures sanitaires et sociales. Près du tiers des dépenses totales de l'État éthiopien allaient jusqu'en 1991 à l'armée, 18 % de celles d'un pays aux ressources modestes comme le Burkina, plus de 10 % de celles du Sénégal et du Soudan, 20 % de celles de Djibouti alors que les budgets de l'Éducation nationale et de la Santé pris ensemble ne s'y voient consacrer que 18,7 % des dépenses de l'État. Trop souvent au Sahel, la mort se voit accorder des subsides plus importants que ceux consacrés aux progrès de la vie.

Chapitre III

À qui la faute ?

La recherche de boucs émissaires n'a jamais résolu aucun problème. Il faut toutefois tenter de comprendre pourquoi le Sahel, malgré les réels atouts dont il dispose, a pu en arriver là. Et il faut bien commencer par reconnaître que les stratégies de développement mises en oeuvre dans les années soixante ont été fondées sur de tragiques erreurs d'appréciation, partagées d'ailleurs par la quasi-totalité de la planète et par l'ensemble des bailleurs de fonds. Le développement a été trop souvent confondu avec une croissance quantitative de la production, et celle-ci avec l'industrie, considérée comme la voie royale pour accéder au statut de pays développé. Il fallait par ailleurs construire ou renforcer des appareils d'État investis de la charge de conduire leurs pays respectifs au mieux-être. Moyennant ces quelques certitudes, on a largement négligé un secteur agricole faisant pourtant vivre l'immense majorité des populations, n'encourageant guère que le développement des cultures de rente seules susceptibles de rapporter des recettes capables de financer les nouveaux secteurs économiques.

Délaissée, pénalisée par une cruelle absence d'investissements, obligée de répondre à une demande croissante due à l'augmentation rapide de la population, l'agriculture sahélienne a pourtant largement contribué à financer la construction des administrations nationales, au détriment des investissements productifs. L'argent au Sahel n'a pas produit d'argent, et le monde rural a souffert à la fois d'un abandon de la part des pouvoirs publics et d'une étatisation trop lourde et trop omniprésente pour laisser place aux initiatives paysannes. Les sécheresses successives qui se sont abattues sur la région entre la fin des années soixante et 1985, entrecoupées d'une brève période de rémission à la fin des années 1970, ont aggravé les problèmes existants plutôt qu'elles ne les ont créés.

Leurs conséquences n'en ont pas moins été catastrophiques : accélération de la dégradation des écosystèmes, stagnation de la production vivrière pendant près d'une quinzaine d'années, appauvrissement des campagnes provoquant un exode rural massif et croissance urbaine impossible à maîtriser par les autorités. Pendant ces années-là, toutes les capitales sahéliennes ont vu leur population croître à un rythme pouvant atteindre les 10 % par an, et les bidonvilles suburbains proliférer. Près de 40 % de la population de la Gambie, de la Somalie, de la Mauritanie et du Sénégal vit aujourd'hui dans les villes, ou plutôt dans les immenses quartiers « spontanés » et dépourvus d'infrastructures qui en tiennent lieu. La population urbaine du Tchad a été multipliée par trois depuis 1965 et représente maintenant près du tiers de la population totale, de même que celle de Guinée Bissau. Le Niger, qui ne comptait que 7 % de citadins en 1965, en compte aujourd'hui plus de 20 %, de même que le Mali. Mais tandis qu'en 1984, après des années de déficit pluviométrique, le lac Tchad était ramené à 1/10e de sa surface normale, que le Niger cessait pratiquement de couler à

Niamey, nulle part le secteur industriel, embryonnaire et souffrant de déficits structurels dus en partie à la gestion défectueuse des entreprises publiques, n'a pu constituer une alternative à la détresse des campagnes.

Des choix économiques ne tenant pas suffisamment compte des réalités, des appareils d'État vivant trop souvent au-dessus de leurs moyens, ces erreurs se sont conjuguées aux calamités naturelles pour aboutir à la situation actuelle. Certes, il existe çà et là de notables exceptions à ce tableau, et certaines politiques sectorielles menées dans plusieurs pays sont loin d'avoir été des échecs. Les succès enregistrés par un État comme le Cap Vert montrent que, moyennant une stratégie cohérente et fondée sur les réalités nationales et une bonne utilisation de l'aide étrangère, on peut obtenir des résultats parfois spectaculaires. Mais force est de constater que, de façon générale, les recettes du développement qui firent florès dans les années soixante ont engendré davantage de réveils difficiles que de lendemains radieux.

D'autant que, dans le même temps, les besoins des pays du Sahel n'ont cessé d'augmenter du fait de la croissance démographique. Non que les États concernés connaissent aujourd'hui des densités de type asiatique mais, en l'absence d'une véritable intensification de l'agriculture et d'une politique de sauvegarde des ressources naturelles, eu égard à la faiblesse des ressources financières dont ils disposent, la population augmente à un rythme trop rapide pour être supportable. Le taux moyen d'accroissement naturel de la région se situe autour de 3 % par an avec des pointes pouvant aller jusqu'à 3,5 % dans le cas de la Gambie et un minimum de 2,4 % pour le Mali. Cela signifie en gros que la population sahélienne est appelée à doubler tous les vingt ans et qu'il faudra, pour satisfaire ses besoins essentiels, augmenter la production alimentaire d'au moins 4 % par an contre une moyenne de 1,5 % par an depuis 1960, construire des logements, des écoles, des centres de santé à un rythme accéléré. Faute de quoi, son niveau de vie déjà tragiquement faible sera inéluctablement appelé à se dégrader davantage.

La généralisation des politiques d'ajustement

La crise s'intensifiant, il a toutefois bien fallu amorcer dès le début des années 1980 de déchirantes révisions des politiques menées jusque-là. L'endettement des États avait atteint le seuil de l'intolérable, les déficits publics ne cessaient de se creuser et les caisses étaient vides. Du fait de la croissance des importations et de la dépréciation des cours des principaux produits de base exportés par les pays sahéliens (uranium et coton entre autres), les déficits commerciaux ont atteint, on l'a vu, d'alarmantes proportions. Pour parer au plus pressé, c'est-à-dire restaurer les équilibres financiers, les dirigeants sahéliens ont opté pour la mise en place de rigoureuses politiques d'ajustement structurel avec l'aide du FMI et de la Banque mondiale. Mis à part le Cap Vert et Djibouti, tous les pays ont aujourd'hui recours aux financements du Fonds, assortis des conditions que l'on sait, pour remettre à flot leurs finances. Il en va ainsi du Sénégal qui a entrepris depuis 1981 une vaste politique d'assainissement et de privatisation du secteur public. Le Mali s'est à attelé une tâche analogue depuis 1984. En 1984 également, la Mauritanie a mis en place avec l'aide de la Banque mondiale un « Programme de redressement économique et financier » qui s'est poursuivi à partir de 1989 par un « Programme de consolidation et de relance ». En 1985, le Niger a signé avec la Banque mondiale un accord lui ouvrant un crédit pour l'ajustement de 50 millions de DTS, suivi en 1986 par un accord de confirmation avec le FMI.

La rigueur, il est vrai, s'imposait, et les contraintes économiques internationales et nationales avaient trop souvent été oubliées dans le passé par les planificateurs. Mais de plus en plus d'ONG et d'organisations internationales le déplorent publiquement, les politiques d'ajustement ayant pour objectifs principaux de restaurer les finances publiques en diminuant les charges des États, de dégager des recettes permettant aux pays concernés d'assurer le paiement du service de leur dette, de relancer l'activité productive en encourageant les initiatives du secteur privé, elles ont sacrifié les dépenses sociales sur l'autel du redressement, avec des conséquences dramatiques sur les couches les plus défavorisées et les populations les plus vulnérables.

Dans des pays où l'administration et les entreprises publiques sont les premiers employeurs du secteur moderne, le blocage des salaires et le dégraissage des effectifs opérés à la demande du Fonds ont entraîné une nette paupérisation des couches moyennes citadines. Au Niger, en 1983, 72 % des effectifs du secteur moderne dépendaient directement ou indirectement de l'État. Au Mali, avec la liquidation ou la vente de 21 entreprises publiques, près de 4 000 licenciements ont été effectués de 1987 à 1989.

Les campagnes ont également souffert de ces politiques : si le démantèlement partiel des offices de commercialisation des produits agricoles s'est révélé plutôt positif, la libre fixation des prix selon le jeu de l'offre et de la demande pénalise tour à tour les agriculteurs en cas de chute trop importante, ou les citadins en cas de hausse trop forte, les subventions à la consommation ayant été considérablement réduites. Au Sahel, les couches les plus pauvres de la population sont désormais les petits agriculteurs, les chômeurs des villes, les fonctionnaires et les employés des catégories inférieures. La diminution des subventions aux intrants agricoles a par ailleurs découragé dans plusieurs pays les paysans à poursuivre leurs efforts d'intensification.

Enfin, les budgets sociaux ont été les premières victimes des mesures d'"économie prises par les États. Au Niger, le Programme d'ajustement structurel a ainsi prévu d'accroître le recouvrement des frais d'hospitalisation, de faire payer par les familles les fournitures scolaires et par les usagers l'eau potable, de mettre à la charge des communautés bénéficiaires l'entretien des systèmes d'irrigation. En Mauritanie, le budget de la Santé a diminué en valeur absolue de 1986 à 1989 et ne représente plus que 3,7 % du budget général de l'État. Au Sénégal, il est passé de 7,8 % à 2,4 % du budget général entre 1974 et 1987. Au Tchad, les dépenses de santé de l'État par habitant ont diminué depuis 1985, et le niveau global des dépenses de santé n'a pu être maintenu que grâce à l'aide extérieure. Le Cap Vert semble être le seul pays de la région où le budget de la Santé s'est accru modestement mais régulièrement en valeur constante depuis 1980. Il n'est pas étonnant que, dans un tel contexte, les pourcentages de scolarisation et les taux de couverture sanitaire des populations aient diminué dans plusieurs pays. Nul ne niera que des économies s'avéraient nécessaires et que la participation financière des usagers est tout à fait envisageable, mais les programmes d'ajustement mis en place ont négligé l'indispensable dimension humaine du développement. Leurs responsables, Banque mondiale et FMI en particulier, commencent d'ailleurs à rectifier certaines de leurs orientations pour tenir compte de cette dimension, et l'on reconnaît aujourd'hui qu'il serait absurde de vouloir reconstruire des économies en faisant fi de la finalité humaine du développement.

Dresser le portrait socio-économique du Sahel aujourd'hui n'est pas une entreprise réjouissante. Faire le tableau de la situation des enfants et des femmes, à laquelle est consacrée la seconde partie de ce document, l'est encore moins. Le lien entre les deux était toutefois nécessaire à établir dans la mesure où, s'il est urgent de mener une série d'actions spécifiques en matière de santé, de nutrition, de protection maternelle et infantile, etc., il ne faut pas perdre de vue que les problèmes des groupes les plus vulnérables sont étroitement fonction de l'état général des pays concernés. La dégradation de l'environnement a autant d'importance pour la santé des enfants que le déficit vivrier ou la rapidité de la croissance urbaine. Tenter d'enrayer les tendances négatives de l'évolution, c'est contribuer indirectement mais de façon déterminante à améliorer les conditions de vie des enfants du Sahel. Dans ce contexte, la condition des femmes joue un rôle primordial. C'est là que certaines réformes sont les plus urgentes à mener... et peut-être les plus difficiles à entreprendre.

SECONDE PARTIE

Femmes et enfants, premières victimes

Chapitre I

La santé, un secteur globalement négligé

L'état sanitaire des populations sahéliennes est l'un des plus mauvais du monde, et les progrès effectués dans ce secteur depuis trente ans ont été dans l'ensemble lents, insuffisants et inégaux. Plus que les discours, les chiffres parlent ici d'eux-mêmes (*voir Tableau II, page 60*).

Même des pays aussi pauvres et peuplés que l'Inde ou certains États d'Amérique latine peuvent aligner des statistiques sanitaires moins déplorables : l'Inde dispose d'un médecin pour environ 2 500 habitants, les Philippines d'un pour 6 700, la Jamaïque d'un pour 2 000 et le Pérou d'environ un pour 1 000. L'espérance de vie à la naissance est d'ailleurs nettement plus élevée dans ces pays qu'au Sahel puisqu'elle s'élève à 58 ans en Inde, à 63 ans aux Philippines, à 74 ans à la Jamaïque et à 61 ans au Pérou. Sans parler des principales causes de mortalité des enfants sur lesquelles on reviendra, les Sahéliens meurent encore par milliers de maladies endémiques comme le paludisme et les maladies parasitaires, sont atteints par dizaines de milliers de cécité du fait du trachome, de l'onchocercose ou d'avitaminose, sont plus réceptifs aux épidémies comme le choléra ou la méningite du fait des mauvaises conditions d'hygiène qui prévalent partout et de la malnutrition qui affaiblit les organismes et les rend vulnérables à toutes les agressions.

À Djibouti, 3 % de la population est encore aujourd'hui atteinte de tuberculose. Au Mali où la moitié de la population totale et plus du quart de la population urbaine vivent au-dessous de ce qu'il est convenu d'appeler le seuil de pauvreté absolue, le quart des citadins et 9 % des ruraux ont accès à une source d'eau potable ; on comprendra que l'état sanitaire de l'immense majorité des Maliens soit déplorable. On estime qu'un Éthiopien sur trois a accès à une infrastructure sanitaire, que les Éthiopiens consomment globalement 3/4 seulement des calories nécessaires au minimum alimentaire, et que 5 à 10 % d'entre eux sont affectés en permanence par une malnutrition sévère. En Guinée Bissau, 17 % de la population a accès à des unités de santé de base, et moins du tiers de la population totale dispose de latrines : 3,3 % de la population est directement affectée par l'onchocercose. 15 % des habitants de Mogadiscio, la capitale somalienne, vivent dans des bidonvilles et 28 % des foyers de la ville disposent de l'eau courante. À Nouakchott, 250 000 personnes vivent dans les kebba, nom donné en Mauritanie aux bidonvilles, 65 % de ces sous-urbains ont un revenu annuel inférieur à 80 dollars et 39 % d'entre eux ne prennent qu'un seul repas par jour ; dans le nord du pays, environ la moitié de la population souffre de malnutrition dite modérée ; dans le sud et dans les oasis de la région saharienne, la généralisation de l'irrigation sans précautions sanitaires adéquates a aggravé la bilharziose ; seules neuf des quinze principales villes du pays ont un réseau d'adduction d'eau. Le taux de malnutrition aiguë des enfants est estimé au Niger à plus de 16 %, mais il est en réalité de 27 % dans les régions rurales et de 10 % dans les villes ; l'accès aux services de santé est limité à 41 % de la population. 60 % de la population tchadienne habite à plus de cinq heures de marche d'un centre sanitaire, et la moitié seulement des formations sanitaires disposent d'une source d'eau à l'intérieur de leurs enceintes.

On pourrait multiplier ce type de statistiques, à la fois sociales et sanitaires, pour tenter de saisir, derrière la froideur des chiffres, l'immense détresse des Sahéliens, le relatif abandon dans lequel ils ont été laissés, et les besoins énormes auxquels il faut faire face.

Plusieurs raisons expliquent cette déplorable situation, et il faut reconnaître à la décharge des États que la dispersion de la population sur d'immenses territoires, la faiblesse des infrastructures de transports et de communications, la forte proportion de nomades par définition itinérants dans les régions sahélo-sahariennes difficilement accessibles de certains pays, complique la tâche des planificateurs, ne facilite pas une couverture sanitaire correcte des populations des zones marginales et accroît considérablement les coûts de la santé. Si ces contraintes sont en grande partie responsables des fortes inégalités régionales dans l'accès à santé, elles ne suffisent cependant pas à expliquer l'ampleur des carences qui caractérisent ce secteur.

Ici aussi, des choix erronés ont souvent été faits, des solutions de facilité choisies au détriment de l'équité, et les politiques mises en place ont accentué les inégalités plutôt qu'elles ne les ont gommées. Si, comme on a pu le constater, la santé n'a pas représenté une réelle priorité pour les responsables et l'est parfois encore moins depuis la mise oeuvre des programmes d'ajustement structurel, ses maigres budgets ont été pendant de longues années principalement consacrés à la médecine curative au détriment de la prévention, et aux villes au détriment des zones rurales qui abritent pourtant la majeure partie de la population. 15 % seulement du budget du ministère djiboutien de la Santé est consacré à la médecine préventive, le mauvais état sanitaire de la population y dépend moins d'un manque d'infrastructures, de médecins et de médicaments - on assiste plutôt à une surmédicalisation de la population citadine - qu'à une priorité quasi absolue accordée à la médecine curative et individuelle. Dans d'autres pays, si les choix ne sont pas aussi manifestes, on constate que le paiement des personnels permanents de santé accapare souvent plus de la moitié du budget de fonctionnement du secteur, laissant des sommes d'une insuffisance criante pour l'approvisionnement en matériel d'équipement et en médicaments.

Mais surtout, les villes et principalement les capitales, sièges et symboles du pouvoir, où vivent les catégories les plus aisées de la population et la majorité des expatriés, vitrines souvent des réalisations les plus prestigieuses, où les infrastructures sont, il est vrai, plus faciles à construire et les populations plus aisées à atteindre, ont été systématiquement favorisées. Il est tellement plus gratifiant de faire construire et d'inaugurer solennellement un grand hôpital que d'édifier quelques centaines de modestes dispensaires de brousse dans des villages presque anonymes ! Le problème, c'est que les hôpitaux coûtent terriblement cher à gérer et à faire fonctionner et qu'ils monopolisent la plus grande partie des dépenses consacrées à la santé.

Quelques chiffres donneront la mesure des déséquilibres entre villes et campagnes dans les pays sahéliens : sur 136 médecins exerçant au Niger en 1986, 81 soit plus de la moitié du total étaient installés dans l'agglomération de Niamey ; tandis que le taux national de couverture sanitaire des femmes enceintes est de 27 %, il atteint 47 % à Niamey. Au Sénégal, on a calculé qu'un enfant d'agriculteur a six fois plus de risque de mourir entre 1 et 5 ans que celui d'un cadre supérieur résidant en ville. Dakar dispose d'environ 80 % des infrastructures du pays pour un peu plus du quart de la population totale ; on y compte près de

12 classes pour mille enfants scolarisables contre moins de quatre dans la région de Diourbel. Les Dakarois ont en général une nourriture beaucoup plus riche et diversifiée que les habitants des zones rurales, et l'espérance de vie atteint en moyenne 63 ans dans la capitale contre 37 ans au Sénégal oriental. Si les maladies diarrhéiques sont responsables du tiers des décès des enfants entre 0 et 5 ans dans une région rurale comme le Sine Saloum, ce pourcentage varie de 5 à 17 % en milieu urbain. 55 % des médecins guinéens sont concentrés à Bissau où l'on compte un médecin pour 2 450 habitants contre un médecin pour 11 900 habitants en milieu rural. Plus de la moitié des médecins maliens exercent à Bamako où vit environ 10 % de la population du pays. Les deux seuls services pédiatriques spécialisés du Tchad sont localisés dans les deux plus grandes villes, N'Djaména et Sahr. Au Burkina, le taux de mortalité des enfants est le double en milieu rural de ce qu'il est en ville. Même au Cap Vert que sa situation sanitaire globale place loin devant les autres pays sahéliens, et qui a accompli en une dizaine d'années des progrès spectaculaires, l'égalité régionale devant la santé est encore loin d'être une réalité, et les zones rurales de l'île de Santiago disposent par rapport au nombre de leurs habitants de près de deux fois moins de médecins et de trois fois moins d'infirmiers que le reste du pays ; l'île de Santiago concentre 70 % des décès d'enfants de 1 à 4 ans pour 50 % seulement des naissances du pays.

Statistiques fastidieuses à force d'être répétitives. Elles démontrent qu'il ne fait pas bon au Sahel de naître paysan des régions marginales et oubliées de la capitale ; il n'est pas recommandé non plus d'être un immigré urbain récent ayant pour tout avenir prévisible le chômage dans les bidonvilles. Mais ce qu'il y a assurément de pire depuis Nouakchott jusqu'à Mogadiscio, c'est d'être une femme ou un enfant.

TABLEAU II

LA SANTÉ AU SAHEL

Pays	Taux de morta-lité ‰	Mortalité infantile ‰		Morta-lité moins de 5 ans. 1988	Nombre d'habi-tants par médecin	Nombre d'habi-tants par infirmier
		1960	1988			
Cap Vert	9	94 (1)	71	91	5 200	730
Mauritanie	19	178	129	220	12 100	1 200
Sénégal	19	171	131	136	13 400	2 000
Gambie	21	199	145	245	11 700	1 700
Guinée Bissau	25	196	148	223	7 200	1 100
Mali	21	210	168	292	25 400	1 350
Niger	21	180	137	228	38 700	450
Burkina Faso	18	193	140	233	57 000	1 700
Tchad	19	183	134	223	38 000	3 400
Soudan	16	160	110	181	10 100	1 250
Éthiopie	24	175	153	259	77 000	5 300
Djibouti	20	172	124	169		
Somalie	20	165	134	221		

(1) 1980

Chapitre II

Les femmes et les enfants

L'UNICEF a récemment publié une série d'affiches difficilement compréhensibles pour un Occidental moyen : sur chacune d'elles, on voit un enfant souriant à qui l'on pose une question apparemment banale et innocente. « *Que veux-tu être quand tu seras grand ?* ». Et l'enfant n'a qu'un mot pour répondre : « *Vivant !* ». Qui pourrait croire en effet dans les sociétés de l'opulence, qu'au Sahel, un enfant qui a passé le cap des 5 ans est un rescapé ? Qui pourrait croire, dans des pays où l'angine du dernier-né est un véritable souci, qu'au Sahel, des maladies qui n'existent plus ou qui sont devenues des affections bénignes dans les nations riches tuent tous les jours des milliers d'enfants ? La rougeole, la diarrhée, la coqueluche, le tétanos, des fièvres apparemment sans gravité, le manque de vitamines, une nourriture insuffisante ou déséquilibrée, voilà les principales causes de mortalité des petits Sahéliens. Qui pourrait croire enfin que seuls 65 à 75 % des bébés nés vivants ont une chance au Sahel de devenir adultes ? Certes, les taux de mortalité infantile et juvénile ont légèrement diminué depuis les années soixante (*voir tableau II, page 60*), la couverture sanitaire s'est améliorée et on peut constater, par l'examen des statistiques, que certains pays ont fourni un réel effort pour donner à leurs enfants quelques chances supplémentaires de vivre. Mais aujourd'hui, en 1990, les chiffres sont encore accablants.

De quoi meurent les enfants

• ***De pauvreté***. On ne serait pas exagérément simplificateur en affirmant que la première cause de mortalité des enfants, c'est la pauvreté. Outre qu'être pauvre signifie que l'on est dépourvu d'eau potable, d'infrastructures d'hygiène et d'assainissement, que l'on ne peut accéder facilement à des formations sanitaires sophistiquées, cela veut dire avant tout que l'on ne mange pas à sa faim, que l'on est en état de faiblesse permanente et, de ce fait, beaucoup plus vulnérable aux maladies dont les plus bénignes peuvent se transformer en affections graves dans un organisme affaibli. Les enfants qui ont entre 0 et 5 ans - et cette classe d'âge représente 20 à 25 % de la population sahélienne soit, selon les pays, un habitant sur quatre ou cinq - souffrent de malnutrition qui les rend particulièrement vulnérables aux maladies diarrhéiques, d'avitaminoses et d'anémie dans des proportions considérables.

Une enquête effectuée en 1989 au Tchad estimait ainsi que la moitié des enfants hospitalisés, c'est-à-dire ceux qui peuvent arriver jusqu'à un hôpital, sont atteints d'affections qui pourraient être évitées par la généralisation de la vaccination et de la prévention, et que 22 % des enfants décédés à l'hôpital meurent de malnutrition. À Djibouti, la proportion des enfants malnutris à partir de l'âge de sept mois atteint 28 %. Les carences en vitamine A, généralisées en zone sahélienne, sont responsables de nombreux cas de cécité chez les enfants. Des carences nutritionnelles spécifiques provoquent par ailleurs des anémies venant aggraver leur état général de malnutrition. 22 % des enfants mauritaniens sont ainsi anémiés. 1/3 environ des

Sahéliens âgés de 0 à 4 ans souffrent de malnutrition modérée, mais cette proportion peut dépasser 40 % en Mauritanie et au Soudan. Elle a en revanche fortement diminué dans d'autres pays et ne dépasse plus 20 % au Sénégal. Dans plusieurs pays comme le Mali ou le Soudan, la malnutrition grave peut affecter jusqu'à 10 % des enfants âgés de 0 à 4 ans, et ces carences alimentaires, quand elles ne provoquent pas carrément la mort, ont de graves conséquences sur leur développement ultérieur. On constate entre autres qu'un pourcentage variant entre 1/4 et 40 % selon les pays de ceux qui sont âgés de 0 à 5 ans souffrent de retards de croissance plus ou moins prononcés.

La malnutrition des enfants a plusieurs origines. Elle est, certes, une conséquence directe de l'état de déficit alimentaire chronique dans lequel vit une grande partie de la population sahélienne, surtout dans les zones rurales et les couches populaires urbaines. Mais plus immédiatement, elle est due très souvent à l'état de délabrement sanitaire de leurs mères. Celles-ci, pour des raisons sur lesquelles il faudra s'étendre davantage, souffrent de malnutrition, d'anémies essentiellement provoquées par des carences en fer, et de surmenage permanent, qui agissent directement sur la santé des nouveaux-nés. C'est ainsi qu'un nombre important de ces derniers ont déjà, à la naissance, un poids insuffisant, c'est-à-dire inférieur à 2,5 kilos : ce pourcentage atteint 11 % au Tchad et au Sénégal, 15 à 20 % au Mali et au Niger, 30 % au Soudan. L'état nutritionnel et sanitaire des mères est donc responsable d'un nombre élevé de problèmes de santé infantile. Plus significatif encore, on a remarqué dans un pays comme le Tchad que la mortalité infantile culmine juste avant les récoltes, période de l'année où les femmes sont spécialement surmenées et où leur ration alimentaire quotidienne a tendance à diminuer du fait des difficultés de la soudure. Les premiers et les derniers nés sont en outre particulièrement défavorisés car ils naissent en général avant ou après l'âge où leurs mères sont les plus solides et peuvent le plus facilement supporter grossesses et allaitement, puisqu'on estime que l'âge idéal pour enfanter se situe entre 20 et 35 ans. Or, pour prendre l'exemple du Burkina, 30 % des femmes enfantent largement en-deçà ou au-delà de cet âge. Au Cap Vert, 15 % des naissances enregistrées dans les villes sont le fait de femmes de moins de vingt ans. Au Mali, un tiers des femmes sont mariées avant l'âge de 16 ans ; au Sénégal, un tiers sont mariées avant l'âge de 15 ans. Cela signifie que leur première grossesse se situe entre 16 et 17 ans, époque où leur croissance n'est pas toujours achevée, en particulier la croissance de leurs organes génitaux. Au-delà de 35 ans, les femmes sont en général épuisées par un labeur permanent et des grossesses répétées, et ont une résistance physique gravement affaiblie qui affecte directement leurs nouveaux-nés. C'est que l'on compte au Sahel de cinq à sept naissances vivantes par femme. Cela signifie qu'une femme féconde a, au minimum, à supporter une dizaine de grossesses et d'accouchements entre 20 et 40 ans.

Autre période critique pour les petits Saméliens : le sevrage. L'allaitement au sein est généralisé dans l'Afrique sahélienne et il dure fréquemment les deux premières années de la vie des enfants. À quelques rares exceptions près comme Djibouti où le sevrage intervient aux environs de six mois à cause de l'interdit sexuel qui frappe les femmes allaitantes, il est généralisé jusqu'à un an. Il s'agit là d'ailleurs d'une pratique positive puisque le nourrisson est ainsi assuré d'ingérer les vitamines nécessaires à son développement, de bénéficier des anti-corps contenus dans le lait maternel, et de ne pas souffrir des problèmes d'hygiène qui accompagnent les autres types d'alimentation (eau non bouillie, biberons non stérilisés, doses insuffisantes de lait en poudre dans le biberon, etc.), mais cette protection dont il bénéficie s'arrête brusquement avec la fin de l'allaitement maternel, et la brutalité du sevrage provoque souvent, à l'âge où il intervient, de véritables pics de mortalité. À l'âge précis où l'enfant a besoin d'une nourriture riche et équilibrée, il n'a plus accès qu'au plat familial dans lequel il ne puise la plupart du temps qu'après les adultes, et est ainsi réduit pour l'essentiel à la bouillie de céréales. On a depuis longtemps constaté la nécessité d'inculquer aux mères la notion de sevrage progressif, mais c'est une pratique difficile à mettre en oeuvre dans la mesure où le sevrage intervient le plus souvent au moment de la naissance d'un nouvel enfant. L'utilisation d'aliments de sevrage fabriqués à partir de produits locaux est également recommandée, mais elle est encore assez peu répandue (*).

• ***D'un environnement malsain.*** Cause de mortalité et de morbidité importante chez les enfants, la malnutrition, maladie par excellence de la pauvreté, n'est pas la plus grave. Les petits Sahéliens meurent massivement de ce qu'on pourrait appeler les maladies de l'environnement. Les maladies diarréiques arrivent en effet largement en tête des causes de mortalité enfantine. Au Burkina, elles sont responsables de 9 % des décès de nourrissons jusqu'à un an et de 23 % des décès des enfants de un à quatre ans. Au Tchad, 16 % des enfants qui décèdent en milieu hospitalier meurent de déshydratation aiguë consécutive à une diarrhée prolongée. À Djibouti, près de la moitié des décès de nourrissons entre 0 et un an sont dus à la diarrhée. En Guinée Bissau, elle est responsable de 22 % des décès d'enfants, au Niger de 17 %. En Mauritanie, 30 à 50 % des

---

(*) *Lire le reportage de Justin Coulibaly « Burkina : les aventures d'un aliment de sevrage local, le Misola », page 81.*

cas de consultation des enfants de moins de deux ans dans les centres de PMI ont pour motif la diarrhée. On a calculé au Sénégal que les enfants en bas âge ont en moyenne six crises importantes de diarrhée par an. Outre la malnutrition qui est son meilleur terreau, la diarrhée est due à la rareté de l'approvisionnement en eau propre et potable. On a vu à quel point les carences étaient criantes dans ce domaine, et la faible proportion des Sahéliens ayant accès à une source d'eau potable, surtout en milieu rural. Si d'importants progrès ont été réalisés au Burkina où près des deux tiers de la population n'est pas loin d'une source d'eau saine, y compris à la campagne, et au Niger où près de la moitié des ruraux y ont accès, la proportion dans les autres pays, Cap Vert excepté, ne dépasse généralement pas un tiers et se situe pour les ruraux à 10 % à peine au Mali, en Éthiopie et au Soudan.

Maladies d'environnement également que celles qui font grimper les taux de morbidité pendant la saison sèche comme les conjonctivites et les maladies respiratoires en zone sahélienne, dues au vent et à la poussière dont la population n'est pas protégée, ou le paludisme qui fait des ravages en saison des pluies. La recrudescence générale du paludisme dans la région est d'ailleurs depuis quelques années une cause de plus en plus importante de mortalité.

Maladie d'environnement enfin que le tétanos, encore largement responsable de la mortalité néo-natale : en Guinée Bissau où celle-ci est de l'ordre de 150 ‰, il est la cause de la moitié des morts de nourrissons dans les trois jours suivant la naissance. Au Tchad, une mort d'enfant sur dix est due au tétanos. Ailleurs, les proportions sont moindres, mais elles ne sont nulle part négligeables, sauf au Sénégal où d'importants progrès ont été enregistrés, et au Cap Vert où cette maladie a pratiquement disparu. Cette forte prévalance du tétanos néo-natal est due aux mauvaises conditions d'hygiène dans lesquelles s'effectuent les accouchements à domicile, c'est-à-dire l'écrasante majorité d'entre eux. Il n'est pas rare en effet que le cordon ombilical soit coupé avec des instruments non stérilisés, quand certaines traditions ne commandent pas de recouvrir de sable le nombril de la mère et de l'enfant. En fait, la quasi-totalité des cas de tétanos aussi bien chez la mère que chez le nouveau-né pourrait être évitée par une généralisation de la vaccination des femmes en âge de procréer. Le vaccin contre le tétanos fait d'ailleurs partout partie des programmes élargis de vaccination, mais seule une proportion ridicule de femmes fécondes en bénéficie. Même la population cible des femmes enceintes est faiblement vaccinée : un quart en Somalie et au Sénégal où le pourcentage est le plus élevé ; en Éthiopie, au Tchad, au Niger, en Mauritanie, les taux sont inférieurs à 10 %. Si la formation des matrones traditionnelles au respect d'un minimum de règles d'hygiène peut être un élément important d'éradication du tétanos, il n'en reste pas moins que, seule, une vaccination massive peut permettre d'éliminer cette maladie toujours mortelle.

• ***D'une grande faiblesse de la prévention.*** La vaccination généralisée contre les six principales maladies touchant les enfants (tuberculose, diphtérie, tétanos, coqueluche, rougeole, paludisme) ferait, tout le monde en convient, chuter les taux de mortalité infanto-juvénile dans des proportions considérables. Les pays concernés et les organisations internationales spécialisées (OMS et UNICEF) l'ont bien compris qui ont mis au point des programmes de vaccination élargis contre les six grandes maladies enfantines et les ont en général étendus à la fièvre jaune, parfois à l'hépatite B, et à la vaccination des femmes contre le tétanos. Mais la couverture vaccinale de la tranche d'âge des 0-5 ans, si elle commence à progresser, est encore insuffisante.

« *Tant qu'un enfant n'a pas eu la rougeole, il ne t'appartient pas* » dit un proverbe peul. Et il est vrai que la rougeole est un fléau qui tue chaque année des dizaines de milliers d'enfants soit directement, soit par les complications qu'elle engendre. Elle figure encore dans tout le Sahel parmi les premières causes de décès d'enfants : elle arrive en tête au Soudan et au Burkina à égalité avec le paludisme ; au Tchad elle est responsable d'un décès d'enfant sur cinq, presque d'un sur quatre en Guinée Bissau et de plus d'un sur quatre au Sénégal. Même à Djibouti qui a fourni de remarquables efforts, puisque 90 % des enfants de moins de un an sont vaccinés, un décès de nourrisson sur dix lui est imputable.

Les efforts fournis par les États sahéliens en matière de vaccination sont très inégaux, et plusieurs d'entre eux se sont sérieusement attelés à la tâche avec d'appréciables résultats. Si elle n'a pas encore été éliminée, la maladie qui a le plus reculé est la tuberculose, et plusieurs pays ont un taux de vaccination de BCG supérieur à 50 % : Cap Vert avec près de 100 %, Djibouti et Sénégal avec environ 80 %, Guinée Bissau avec près de 90 %, Mali et Soudan avec les 2/3 des enfants vaccinés. La vaccination contre la rougeole vient au second rang, mais assez loin derrière la tuberculose. Les pays ayant fourni les plus grands efforts dans ce domaine sont Djibouti (90 % des enfants vaccinés), le Cap Vert (86 %), le Sénégal (53 %), le Burkina (49 %). Au Soudan, les disparités régionales sont immenses : si plus de la moitié des enfants sont vaccinés dans le nord du pays, le taux de vaccination au sud dépasse à peine 5 % sauf dans quelques villes qui ont pu bénéficier de l'Opération Lifeline Soudan en 1989 dans le cadre de l'aide d'urgence, et où les taux de vaccination ont atteint 40 %. Dans les autres pays en revanche, les taux se situent en dessous de 25 %. Diphtérie, tétanos , coqueluche et poliomyélite ont partout bénéficié d'efforts moins soutenus, et les enfants meurent encore en grand nombre ou sont handicapés à vie par ces maladies que l'on pourrait éliminer assez rapidement.

Dernière venue des maladies à grand risque qui demande la mise en place d'actions préventives de masse, le SIDA. S'il est moins répandu qu'en Afrique centrale où il est devenu un des principaux problèmes de santé publique, il n'en a pas moins fait son apparition au Sahel. On n'en reconnaît pas encore publiquement l'importance, d'autant qu'en pays d'islam tout ce qui touche à la sexualité fait partie des interdits les plus solides. Mais l'épidémie commence à faire des victimes dans les grandes capitales, et les pourcentages de séropositivité augmentent dans les groupes à risques. Une enquête effectuée dans le milieu des « enfants de la rue » de N'Djaména, dont les trois quarts sont âgés de 11 à 15 ans et 95 % sont des garçons, a révélé que 55 % d'entre eux étaient atteints d'une maladie sexuellement transmissible. Sans parler nommément du SIDA, plusieurs pays comme la Mauritanie ont créé des cellules de lutte contre les MST, et l'OMS tente de sensibiliser les autorités sahéliennes au risque potentiel que représente l'apparition de la maladie. Jusqu'à présent, la prévention est le seul moyen de lutte contre le SIDA, c'est dire l'importance accrue qu'elle doit revêtir devant cette nouvelle menace à laquelle sont confrontés les Sahéliens.

Réduire les causes principales de la mortalité infanto-juvénile ne demande donc pas dans les pays sahéliens la réalisation de structures médicales lourdes et sophistiquées, mais une généralisation de la prévention, une politique de soutien nutritionnel aux groupes vulnérables, la mise en place d'infrastructures d'hygiène et d'assainissement, et un développement à tous les niveaux de l'éducation à la santé. Il s'agit en fait d'améliorer l'état sanitaire général d'une population dont les besoins essentiels sont loin d'être satisfaits et de mettre en oeuvre des stratégies de protection et d'amélioration de la vie des groupes les plus vulnérables. C'est, on s'en doute, plus facile à dire qu'à faire. Les contraintes financières, les priorités politiques immédiates, les pesanteurs sociologiques et religieuses retardent, quand elles ne les empêchent pas, les progrès que l'on pourrait accomplir. La trop lente amélioration de la condition féminine est un des exemples les plus criants de l'immobilisme qui frappe dans ce domaine nombre de sociétés sahéliennes.

La condition féminine, un obstacle au développement

Du Sénégal à la Somalie, les femmes sahéliennes sont loin de vivre partout la même oppression, et l'opulente commerçante dakaroise que l'on peut voir sortir de sa voiture habillée d'un riche boubou ne donne pas l'impression d'être dominée. Chez certains peuples nomades comme les Bororo, les femmes jouissent d'une liberté que lui envieraient bien des sédentaires, même citadines. En Guinée Bissau, la longue guerre de libération nationale à laquelle les femmes ont pris une grande part, les a propulsées hors du cadre de la tradition qui, pour n'avoir pas disparu, a tout de même desserré son carcan, et il existait une réelle volonté au début de l'indépendance d'instituer l'égalité des chances entre filles et garçons. Dans presque tous les pays sahéliens, on peut aujourd'hui rencontrer des femmes ministres, députés ou professeurs d'université. Mais l'arbre ne doit pas cacher la forêt. Quoiqu'à des degrés divers, la Sahélienne est encore, en 1991, dominée et exploitée et a peu avancé dans la voie de l'émancipation. Fournissant partout la majeure partie du travail agricole et surtout de la production vivrière, ayant la charge de la totalité des travaux domestiques, mettant au monde au moins une dizaine d'enfants, elle est encore une citoyenne de seconde zone qui bénéficie d'un accès restreint à l'éducation et à la formation, et dont l'infériorité est inscrite dans les lois. En outre, les mutations économiques et sociales des dernières années, loin d'avoir amélioré ses conditions de vie comme on pourrait le croire, les ont souvent empirées. Dans le sud du Tchad par exemple, l'introduction de la culture du coton et de la charrue ont entraîné une augmentation du travail féminin à cause de l'extension des surfaces cultivées. Or, le mieux être des femmes conditionne au premier chef celui des enfants et, partant, de l'ensemble de la société.

On a déjà pu constater que les femmes affaiblies par le surmenage et une alimentation dont l'insuffisance est souvent aggravée par une série d'interdits alimentaires donnent naissance à des enfants chétifs à l'espérance de vie diminuée. Or, les femmes rurales africaines continuent de travailler de 16 à 18 heures par jour, cumulant les travaux des champs, le portage du bois et de l'eau sur des distances parfois considérables, la pénible transformation des céréales comme le pilage du mil, la préparation des repas familiaux, sans parler de l'état quasi permanent de grossesse ou d'allaitement dans lequel elles se trouvent durant quelque vingt ans de leur vie.

Pire, dans certains pays, leurs charges se sont aggravées du fait de la forte émigration masculine vers la capitale ou l'étranger. On estimait ainsi avant la crise sénégalo-mauritanienne d'avril 1989 qu'environ 30 % des Mauritaniens étaient expatriés. Dans la vallée du fleuve Sénégal qui constitue la zone d'émigration la plus importante des deux pays riverains, 80 % des hommes âgés de 25 à 45 ans sont partis. Dans la zone sahélienne du Mali, on estime que l'émigration touche 60 à 75 % des hommes de 15 à 35 ans pendant la saison sèche, qui s'en vont chercher un complément de revenu à la capitale ou à l'étranger. Ils envoient, c'est vrai, régulièrement de l'argent au village, mais cette féminisation excessive de certaines régions a décuplé le labeur des femmes qui, alors qu'elles représentent déjà en moyenne les 3/4 de la force de travail en milieu rural sahélien, sont obligées, dans ce cas, d'assurer les travaux traditionnellement réservés aux hommes. En contrepartie, il est vrai, dans la plupart des régions vidées de leurs hommes valides par l'exode, le droit des femmes à prendre des décisions jusque-là réservées à ces derniers commence à être reconnu et banalisé par la force des choses, même s'il n'est pas encore entériné par la loi. Dans les villes également, le phénomène de féminisation des foyers s'accélère du fait de l'émigration à l'étranger, de la permanence de la polygamie et de l'instabilité familiale qu'elle engendre dans un milieu urbain auquel elle n'est pas adaptée. Une enquête effectuée à Mogadiscio en 1988 a révélé que 20 % des foyers y avaient une femme comme chef de famille.

L'on sait fort bien que la Sahélienne est le pilier de l'économie rurale, et, qu'en ville elle est chargée le plus souvent de l'entretien de la famille. Les discours ne manquent pas d'exalter régulièrement son courage, sa ténacité à l'ouvrage et l'étonnante solidité dont elle fait preuve. Mais les actes n'ont que fort peu suivi et l'on n'a pas fait grand chose pour la soulager d'une partie de ses tâches, pour lui fournir les moyens de travailler plus efficacement et d'améliorer sa santé toujours chancelante, pour lui donner les droits auxquels elle pourrait prétendre du fait de son travail et de ses responsabilités. Presque partout au Sahel, les innovations technologiques permettant d'accroître la productivité de la terre et du travail ont été orientées vers les cultures de rente plus rémunératrices et où dominent les hommes. La réalisation de forages et de puits qui permettrait d'écourter le portage de l'eau et résoudrait un grand nombre de problèmes sanitaires avance avec une consternante lenteur. L'emploi des décortiqueuses de riz ou des moulins à mil qui évitent le pénible travail de transformation des céréales est loin d'être généralisé. La formation agricole, que ce soit au niveau des villages ou des centres spécialisés, est réservée aux hommes, et seule une infime minorité de femmes en bénéficie.

• ***Premières victimes de l'analphabétisme.*** Écrasées par leurs tâches, celles-ci n'ont guère de temps pour tenter d'améliorer leur condition et celle de leurs enfants en suivant des cours d'éducation sanitaire et nutritionnelle ou d'alphabétisation. Or, toutes les enquêtes confirment que plus le niveau d'éducation d'une femme est élevé, meilleur est l'état sanitaire de ses enfants, et que le taux de mortalité infanto-juvénile baisse en fonction du niveau de scolarisation des mères. Mais il y aurait fort à faire dans ce domaine car l'inégalité entre les sexes en matière d'accès à l'école est générale. L'analphabétisme est certes un des maux les plus répandus du Sahel, et les campagnes d'alphabétisation menées çà et là ne l'ont guère fait reculer, sauf pendant un temps en Éthiopie où l'alphabétisation a réellement été élevée au rang de priorité après la promulgation d'une réforme agraire radicale en 1974.

Si une grande majorité des hommes adultes ne savent ni lire ni écrire, c'est la quasi-totalité des femmes qui se trouvent dans cette situation : au Mali, au Niger, au Burkina, au Tchad, en Somalie, on a en général moins d'une chance sur dix de rencontrer une femme qui sache lire, écrire et compter, que ce soit en français ou dans des langues nationales. On pourrait penser que, l'évolution aidant, les choses ont changé pour les petites filles ou les adolescentes. Il n'en est pratiquement rien. Si les familles s'efforcent en général d'envoyer au moins un des garçons à l'école... dans l'espoir souvent qu'il deviendra fonctionnaire, la scolarisation des filles, surtout à la campagne, est encore fort peu entrée dans les moeurs. Le destin d'une petite fille est tout tracé : dès son plus jeune âge, elle commence à aider sa mère aux travaux ménagers et, dès huit à dix ans, elle s'occupe du dernier né ; entre 15 et 20 ans au plus tard, on la mariera et elle entrera à son tour dans une vie entièrement consacrée à la production et à la reproduction. Que ferait-elle du savoir acquis à l'école ? Le Cap Vert est le seul pays sahélien où le taux de scolarisation des enfants dans le primaire avoisine les 100 %, y compris chez les filles. La scolarisation dans le cycle primaire touche environ 50 % des filles au Sénégal et en Gambie, proportion remarquable quand on la compare à celle des autres pays sahéliens : elle se hisse à peine au-delà de 20 % en Éthiopie et au Tchad et frise les 20 % au Burkina. Ailleurs, à peine une fille sur huit à dix est scolarisée. Quand on sait les disparités qui existent ici aussi entre la ville et la campagne, on peut aisément conclure que la quasi-totalité des filles échappent à toute forme de scolarisation dans certaines zones rurales. Quant au taux de scolarisation des filles dans l'enseignement secondaire, il ne dépasse nulle part 10 %, sauf en Éthiopie (12 %).

• ***Inégales devant la loi.*** À de rares exceptions près, la loi n'accorde pas non plus l'égalité des droits aux femmes et, même dans les pays où un certain nombre de droits leur sont reconnus, les lois coutumières l'emportent la plupart du temps sur le droit moderne. Ainsi, la législation tchadienne fixe l'âge minimum du mariage des filles à treize ans et exige leur consentement en matière de choix de l'époux, n'admet pas la répudiation, autorise le régime de la séparation des biens entre les conjoints et stipule l'égalité des sexes en matière d'héritage. Mais l'on estime que 10 à 15 % des filles seulement, surtout en ville, se marient sous le régime du droit civil, la grande majorité des mariages s'effectue selon les lois coutumières, c'est-à-dire sans tenir compte de l'âge des filles au mariage, sans que leur consentement soit nécessaire, et en perpétuant la discrimination en matière successorale et d'autorité parentale.

Ces discriminations quasi générales dans les pays sahéliens ont des conséquences économiques non négligeables dans la mesure où les femmes jouissent rarement de la propriété des terres qu'elles exploitent et ne peuvent donc offrir de garanties pour obtenir l'accès à des crédits ou pour entrer de plein droit dans les systèmes coopératifs. Bien souvent donc, la loi renforce les pratiques traditionnelles pour limiter l'accès des femmes à l'innovation et au partage du pouvoir et des responsabilités dans les secteurs où leur apport en travail est déterminant.

• ***Défavorisées en matière de santé.*** Mais c'est certainement dans le domaine de la santé que les conséquences du statut d'infériorité dans lequel sont reléguées les femmes se font le plus sentir. Mis à part le Cap Vert qui tente de limiter l'accroissement de sa population et a légalisé en 1986 l'avortement malgré l'opposition énergique de la hiérarchie catholique, et le Niger qui a mis en place à partir de 1984 une courageuse politique de limitation des naissances (la loi précisant même que les femmes n'ont pas besoin d'obtenir l'autorisation de l'époux pour utiliser des contraceptifs modernes), la quasi-totalité des États sahéliens, confortés en cela aussi bien par l'islam que par le christianisme, ont pratiqué jusqu'à une période récente une politique résolument nataliste qui commence à peine aujourd'hui, et fort timidement, à être remise en cause. Cette politique a été d'autant plus énergique qu'elle s'accorde fort bien avec la tradition et, il faut le préciser, avec le souhait d'une grande partie des femmes qui ne sont socialement valorisées que par le nombre d'enfants qu'elles mettent au monde, et perçoivent encore rarement que la maîtrise de leur fécondité est une étape décisive de la prise en charge de leur propre vie sociale.

L'encouragement à l'espacement des naissances qui s'accompagnerait d'une action résolue en matière de réduction de la mortalité infantile et maternelle n'aurait pratiquement pas d'incidence à court terme sur les taux d'accroissement démographique. Elle contribuerait grandement en revanche à améliorer la santé des femmes et des enfants. L'on sait en effet que les grossesses répétées et les accouchements effectués dans des conditions sanitaires déplorables concourent pour une large part à détériorer la santé des mères et à accroître la mortalité infantile. Les chiffres ici aussi sont accablants, et les Sahéliennes payent un trop lourd tribut à la maternité : les taux de mortalité maternelle sont plus élevés au Sahel que dans toute autre région du monde en développement, et ont même augmenté dans certains pays du fait entre autres de la détérioration des infrastructures médicales. Il est passé au Tchad de 7,4 ‰ en 1987 à 9,2 ‰ en 1989. Il est rarement inférieur à 6 ‰ (4,2 ‰ au Niger et à 0,6 ‰ au Cap Vert) et dépasse 10 ‰ dans la Corne de l'Afrique pour des raisons spécifiques sur lesquelles on reviendra. Au Burkina, les complications de la grossesse ou de l'accouchement sont responsables du quart des décès des femmes âgées de 15 à 44 ans.

On a déjà évoqué certaines causes de cette effarante mortalité, comme le mauvais état nutritionnel et la situation permanente d'anémie dans laquelle se trouvent la majorité des femmes et qui font que tout accouchement difficile peut avoir des conséquences fatales, comme les grossesses précoces ou tardives qui compromettent la vie des mères et des enfants. L'insuffisance de la protection maternelle et infantile et le faible nombre de grossesses suivies médicalement jouent aussi pour beaucoup dans cette situation. En Éthiopie, 40 % des mères environ ont accès à un service de santé, et 15 % des accouchements sont assistés par du personnel soignant qualifié (appellation qui va du médecin à la matrone traditionnelle recyclée). 80 à 90 % des Sahéliennes accouchent à domicile et, hormis le Cap Vert, le Sénégal et le Niger où la moitié au moins des accouchements sont assistés par du personnel ayant reçu une formation à cet effet (ce n'est pas un hasard si les taux de mortalité maternelle de ces pays sont parmi les moins élevés de la région), la proportion des femmes correctement assistées pendant l'accouchement ne dépasse pas 1 sur 4 et se situe au-dessous de... 1 sur 10 en Somalie. La protection maternelle, la généralisation du suivi prénatal et la formation de personnel de santé qualifié devraient donc figurer, quand elles ne le font pas encore, parmi les priorités des États en matière de prévention.

Mais, on l'a vu, les femmes meurent aussi du fait du caractère nataliste de la plupart des lois sahéliennes. L'espacement des naissances étant loin d'être vraiment encouragé, les campagnes d'information et de formation à l'utilisation des contraceptifs modernes sont pratiquement inexistantes quand elles ne sont pas simplement interdites. En règle générale, la contraception est tolérée, mais rarement autorisée, encore moins encouragée. En Éthiopie, au Burkina, au Niger où la loi est encore loin d'être passée dans les moeurs, au Tchad, en Mauritanie, les taux d'emploi des méthodes contraceptives ne dépassent pas 2 %, et le Sénégal fait figure de pays à la pointe de la modernité avec un taux d'utilisation de 12 %. S'ils se résignent progressivement à mettre en oeuvre une politique de planification familiale qui est en fait une nécessité en matière de santé publique, la quasi-totalité des pays sahéliens prohibent encore farouchement l'avortement. Résultat : dans les villes surtout où les unions hors mariage sont les plus fréquentes, où les familles nombreuses posent un problème plus grand qu'à la campagne et où la prostitution a beaucoup augmenté avec l'urbanisation et la crise économique, les avortements clandestins, effectués on s'en doute dans des conditions déplorables, sont légion, et font chaque année des milliers de victimes. 20 000 femmes meurent tous les ans en Éthiopie des suites d'avortement. Au Tchad, l'avortement clandestin est une cause importante de mortalité chez les femmes en âge de procréer. Il tend à devenir un problème dans les grandes villes comme Dakar.

Enfin, les mutilations sexuelles encore très pratiquées dans toute la région sahélienne, outre l'image qu'elles projettent de femmes physiquement cantonnées à leur tâche procréatrice, ont des conséquences sanitaires qui, pour être à peu près systématiquement occultées, n'en sont pas moins déplorables. Il convient toutefois d'introduire une distinction entre Sahel occidental et pays de l'Est sahélien. Si l'excision est très répandue dans les premiers (elle touche environ les trois quarts des Sénégalaises et des Burkinabè, plus d'un tiers des Tchadiennes), l'infibulation y est à peu près inconnue et n'apparaît qu'à l'est du Tchad. Au Soudan, en Éthiopie, en Somalie, à Djibouti, en revanche, elle est généralisée, et la quasi-totalité des femmes y est infibulée. Les incidences sanitaires de l'excision sont loin d'être négligeables, mais elles sont sans commune mesure avec celles de l'infibulation, opération chirurgicale lourde pratiquée dans des conditions d'hygiène qui sont déjà en elles-mêmes un facteur de mortalité : on ne compte pas les fillettes mortes de septicémie à la suite d'une infibulation. A Djibouti, les spécialistes estiment que toutes les femmes sont à placer dans le groupe de santé à haut risque à cause des séquelles laissées par l'infibulation ; le taux de décès d'enfants liés à des accouchements rendus difficiles du fait des mutilations est de 6 %.

Partout, le problème demeure un sujet tabou auquel les autorités ont rarement osé s'attaquer de front. Or seule une implication politique massive au plus haut niveau de responsabilité pourrait permettre d'éliminer progressivement ce fléau. La Somalie avait tenté il y a quelques années d'interdire et de sanctionner la pratique des mutilations sexuelles... sans grand résultat puisque l'on y estime à 98 % la proportion de femmes infibulées. Il semble que dans les milieux les plus modernisés des pays concernés, on s'achemine vers un abandon de l'infibulation au profit de la simple clitoridectomie, mais l'éventualité de mettre totalement fin à ces pratiques n'est presque jamais envisagée. Au Tchad, une « Conférence nationale pour le bien-être familial » organisée en 1988 à l'initiative des autorités et réunissant des responsables, des praticiens, des travailleurs sociaux et des représentantes de l'OFUNIR (Organisation des femmes de l'Union nationale pour l'indépendance et la révolution, aile féminine de l'ex-parti unique) avait recommandé entre autres la légalisation de l'avortement thérapeutique pour mieux lutter contre l'avortement clandestin, l'adaptation de la législation aux réalités actuelles, et le lancement d'une campagne d'information sur les effets néfastes de certaines pratiques traditionnelles.

Mais, faute d'un véritable soutien à un haut niveau, ce type d'initiative est condamné à demeurer sans effet. En attendant, du Soudan à la Somalie, les femmes continuent de mourir ou d'être handicapées à vie par des affections d'une extrême gravité, et les médecins sont formels sur les séquelles désastreuses de ces pratiques. Vu l'âge auquel elles sont pratiquées, les mutilations peuvent provoquer des hémorragies la plupart du temps mortelles. Si l'enfant survit à l'opération elle-même ou au tétanos post-excision, elle aura de fortes chances de souffrir d'infections aiguës vulvaires et urinaires, de lésions de la vessie et de l'anus. Les adolescentes souffrent également de graves suites tardives des mutilations : les infections vaginales sont les plus fréquentes et peuvent aboutir à la stérilité qui fera de ces jeunes filles des femmes marginales et méprisées par leur société. Les souffrances des femmes mariées sont pire encore : les complications obstétricales chez les femmes enceintes ne se comptent pas, et le travail prolongé des femmes mutilées lors de l'accouchement provoque une souffrance fœtale pouvant entraîner chez le nouveau-né des lésions neurologiques irréversibles.

La réalité sahélienne est sombre pour les femmes et les enfants qui constituent sans nul doute les deux groupes vulnérables de la population. Certes, les inégalités sociales et régionales sont perceptibles à l'intérieur de ce groupe, et tous et toutes ne sont pas en état de risque permanent. Mais seule une minorité de Sahéliens dispose de tous les attributs d'une vie qu'on qualifierait sous d'autres latitudes de normale : nourriture abondante et diversifiée, logement correct pourvu d'eau potable et de tout à l'égoût, accès facile à une structure sanitaire, scolarisation des enfants et disponibilités financières suffisantes pour supporter les charges de la santé et de l'éducation de l'ensemble de la famille. Si l'on exclut cette minorité dotée, au regard des critères sahéliens, de tout ce qui qualifie un statut privilégié, les groupes vulnérables représentent entre les deux tiers et les trois quarts de la population. Des politiques sociales et de santé tenant compte de leurs besoins spécifiques et s'efforçant d'améliorer durablement leur sort élèveraient du même coup le niveau de vie général des populations. Celui-ci, on l'a constaté tout au long des pages qui précèdent, demeure encore anormalement bas. Est-ce à dire que rien n'a été fait jusqu'à présent ? S'il faut déplorer que l'action sanitaire et sociale n'ait pas été suffisamment considérée comme une priorité, ni par les États ni par l'assistance extérieure, cela ne signifie heureusement pas que le plus total immobilisme règne dans ce secteur.

BURKINA :

LES AVENTURES D'UN ALIMENT DE SEVRAGE LOCAL, LE MISOLA

par Justin COULIBALY

L'équipe de santé de la région de Fada a constaté un relatif échec de l'éducation nutritionnelle menée depuis près de vingt ans au CREN (Centre de récupération nutritionnelle et d'éducation).

Pourquoi ? La préparation des bouillies enrichies que les mères y apprennent à confectionner leur impose un surcroît de travail et un type nouveau d'organisation difficile à aménager dans un emploi du temps déjà trop chargé.

Le CREN jouait donc dans l'esprit des mères un rôle plus hospitalier qu'éducatif. Les enfants guéris qui le quittent, rendus à leur milieu d'origine rechutent fréquemment.

La décision de fabriquer une farine de supplémentation a donc été prise par l'équipe dans le but d'offrir aux mères un aliment simple pour leur enfant tout en montrant la nécessité de lui préparer des repas spéciaux en plus de l'alimentation de type adulte. Ce fut le MISOLA, ainsi nommé à cause de sa composition (mil, soja, lait, arachide) .

Au départ en effet, le MISOLA a été fabriqué à partir de farine de petit mil grillé (45 %), de farine de soja grillé (20 %), de poudre de lait écrémé (15 %), de pâte d'arachide (10 %), de sucre (5 %) et d'additifs : sels de fer, iode et chlorure de sodium (1 %).

L'unité de fabrication du MISOLA fonctionne depuis 1982 de façon artisanale et s'intègre au programme de développement des soins de santé maternelle et infantile (SMI) de la région depuis février 1986.

UNE RÉUSSITE TECHNIQUE ET FINANCIÈRE TRES RAPIDE

La fabrication de la farine MISOLA a été confiée à deux femmes responsables de l'unité de production, de l'approvisionnement en matières locales et de la distribution. Une case a été prêtée par le CREN pour l'entrepôt des graines, du matériel et des stocks de farine prête pour la vente. L'approvisionnement en matières premières est local pour le petit mil, les arachides et le soja dont la production s'est accrue. Le sucre de canne provient de la SOSUCO (Société sucrière de la Comoé), à l'ouest du Burkina, de même que les sachets en plastique. Le sel est acheté en gros au marché. Le lait en poudre n'étant pas un produit local, est fourni par l'aide alimentaire internationale. Quant aux additifs, ils sont fournis par la Pharmacie nationale, le dosage de fer et d'iode nécessitant les compétences d'un pharmacien ou d'un préparateur en pharmacie. Le soude-sac fonctionne à l'électricité. Les étiquettes sont préparées par le service régional du ministère de la Santé qui dispose d'une polycopieuse.

L'autofinancement de la production est assuré par la vente des sachets qui couvrait, dès 1983, l'achat des matières premières, les frais de fonctionnement courant, le salaire des deux femmes déterminé chaque mois par la production (32 F CFA par sachet fabriqué). Les investissements ont plusieurs sources : le matériel est fourni par l'hôpital (séchoirs et balance), un emprunt a été effectué sur les fonds du centre nutritionnel (40 000 F CFA) ; enfin l'association « Frères des Hommes » a accordé du matériel et une aide financière de 160 000 F CFA. Des subventions (110 000 F CFA) ont permis de constituer un stock de matières premières. Un financement particulier était prévu pour l'agrandissement des locaux afin d'améliorer l'hygiène du stockage et la conservation des matières. En 1982-1983 la production était de 500 sachets par mois, soit trois tonnes par an.

Les étapes de préparation des céréales et du soja sont assez longues. Elles comprennent le lavage, le décorticage, le séchage et le grillage. Au départ, la farine elle-même était grillée et ceci permettait une bonne qualité d'asepsie avant l'ensachage. La méthode s'est ensuite simplifiée. Les graines sont maintenant grillées avant la mouture, ce qui permet d'améliorer la qualité nutritionnelle. Toutes les méthodes utilisées restent artisanales et sont reproductibles en zones rurales. À Fada, c'est le moulin de la ville qui est utilisé pour la mouture de la farine.

UN REMÈDE EFFICACE À LA MALNUTRITION

En laboratoire, la valeur nutritionnelle de la farine MISOLA, pour 100 grammes de produit est ainsi déterminée : valeur énergétique : 430 Kcal (protides : 22 g, lipides : 11 g, glucides : 59 g, eau : 4 g, cendre : 4 g, fer : 32 mg y compris l'additif sous forme de citrate de fer ammonial) .

La valeur énergétique de cette farine est plus élevée que celle de la bouillie de mil simple qui apporte 340 Kcal /100 grammes. L'apport lipidique est satisfaisant. Elle est riche en acide linoléique (37,7 à 42 g /100 g de lipides) et linolénique (1,5 à 3 g /100 g de lipides) . Le lait maternel que la farine complémente apporte 1,15 g de protéines de haute valeur biologique pour 100 grammes.

La bouillie se prépare à l'eau, comme la bouillie de mil. La farine est délayée dans le même volume d'eau froide puis le mélange est versé dans deux à trois volumes d'eau bouillante et cuit dix minutes au minimum. Pour compléter l'apport vitaminique, il est conseillé d'ajouter un jus de fruit ou de tomate. La qualité et la consistance sont adaptées à l'âge et au goût de l'enfant. Il est conseillé une à deux bouillies par jour (un sachet de de 500 grammes pour dix-huit jours), en complément de l'allaitement maternel, dés l'âge de quatre à six mois. Lorsque la mère n'a pas suffisamment de lait, le MISOLA peut être donné au bébé dés l'âge de trois mois. En complément à l'alimentation habituelle du jeune enfant, une bouillie par jour (un sachet par semaine) prévient la malnutrition. Mais il peut être administré aux convalescents, aux malades, aux femmes enceintes et allaitantes, aux enfants en croissance et apporte ainsi un supplément nutritif.

Après six mois de fonctionnement le MISOLA était bien accepté et avait atteint le seuil d'autofinancement. Réussite technique et financière sans doute. Mais socialement, qui en bénéficiait ? Le MISOLA est en fait essentiellement distribué en ville, dans les dispensaires et les PMI d'Etat, et très peu en zone rurale bien que 80 % de la population y vivent.

L'agglomération de Fada N'Gourma absorbe 50 % de la production mais le reste du département 12, 5 % seulement, par l'intermédiaire des dispensaires de brousse. Les 37,5 % restant sont vendus en dehors du département dont 25 % à une clinique de Ouagadougou. Le prix de vente au CREN et à l'officine départementale est fixé à 200 F CFA le sachet. Dans les autres structures de vente le prix maximum est de 225 F CFA.

Le coût des produits détermine à lui seul les groupes susceptibles de l'acheter. Bien que fixé au plus juste, permettant seulement le fonctionnement courant de l'unité de fabrication, ce prix reste élevé. En ville il représente 1 % du salaire minimum mensuel. En zone rurale, le prix du sachet, qui correspond à peu près à la valeur de 3 kg de mil, est trop élevé.

En 1984, les objectifs n'étaient donc qu'en partie atteints du fait du nombre limité d'enfants consommateurs et de leur localisation essentiellement urbaine. Une réflexion a été menée par l'équipe afin d'améliorer l'utilisation du MISOLA et de mieux l'adapter aux réalités locales. Fallait-il accroître la production en ouvrant des centres de fabrication dans d'autres villes et pour d'autres petits consommateurs urbains ? Ou fallait-il chercher le moyen d'atteindre les enfants malnutris du milieu rural ? Après de multiples réflexions et discussions, le groupe de l'hôpital de Fada et les différents secteurs concernés (ministère de la Santé et cellule de nutrition, autorités médicales de l'Est, association « Frères des Hommes ») ont décidé d'intégrer la farine MISOLA au programme de santé infantile de la province.

Il s'agissait d'en vulgariser l'usage et la fabrication dans les villages en utilisant pour ce faire les soignants de première ligne : les accoucheuses traditionnelles. Le MISOLA allait être non seulement un remède de récupération nutritionnelle prêt à être consommé mais également un support à l'éducation nutritionnelle. Ainsi dès 1984, la composition de la farine a été simplifiée par la suppression des additions de fer, d'iode et de la poudre de lait. Ceci a rendu la production totalement indépendante des approvisionnements extérieurs.

Une formule MISOLA de base a été mise au point pour éviter les disproportions (notamment la tendance à augmenter la part de sucre et d'arachide) . Ce qui donne la composition suivante :

- mil grillé .... 61 %
- soja grillé .... 21 %
- arachide grillée.......... 12 %
- sucre .... 6 %
- sel .... 1 %

Les mesures ne sont plus exprimées en poids mais en volumes. Si les femmes disposent de pain de singe (1), elles réduisent la quantité de sucre. Le principal intérêt est l'apport d'un supplément de calcium et de vitamines, ce qui permet en outre de respecter pour MISOLA l'association des aliments des trois catégories préconisées pour les bouillies enrichies.

Les accoucheuses de trois centres de santé ont appris à fabriquer le MISOLA durant un stage de dix jours à l'unité de fabrication. Elles se réunissent ensuite périodiquement

---

(1) : *Produit de cueillette, c'est le fruit du baobab. Il est aussi traditionnellement utilisé comme remède à la diarrhée.*

tous les deux mois à Fada pour faire le point. La fabrication de la farine dans ces trois centres a été mise sur pied avec peu de moyens et est ensuite enseignée aux femmes dans les villages.

Pour cela, les accoucheuses se rendent dans les villages et dans les quartiers avec leurs marmites et du soja et fabriquent sur place la farine de MISOLA avec les ingrédients apportés par les femmes. Au cours de ces séances, ont lieu également des causeries sur l'hygiène, l'espacement des naissances, les vaccinations, etc.

L'intérêt des accoucheuses et des mères pour la nutrition des enfants est grand et elles n'ont apparemment aucune difficulté à apprendre la recette de fabrication.

Une formule simplifiée mais encore très voisine de la formule originale ne constitue peut-être pas directement un remède à la malnutrition : le surcroît de travail imposé aux mères continue de la rendre assez dissuasive. Du moins permet-elle aux accoucheuses traditionnelles de rehausser leur prestige et leur livre-t-elle un support matériel susceptible de rendre leur message éducatif plus persuasif.

Aujourd'hui, il existe donc deux farines MISOLA : la première, conditionnée en sachets et qui utilise la formule originale, est vendue à l'hôpital de Fada et dans les centres de santé pour le traitement des malnutritions. Cette farine, sans doute d'un coût trop élevé en milieu rural, constitue en ville une alternative très avantageuse aux farines infantiles industrielles dont le prix est de deux à trois fois supérieur (500 à 700 F CFA, contre 225 F CFA pour le MISOLA). Elle peut trouver aisément une clientèle urbaine solvable : la demande existe, comme en témoignent les commandes à Fada opérées depuis Ouagadougou.

Si elle ne constitue pas un débouché décisif aux productions vivrières locales et une source importante de plus-value, elle peut au moins permettre une revalorisation culturelle des céréales locales, en en réinculquant le goût... dès le berceau. Pas seulement à Fada N'Gourma. Pas seulement au Burkina. ■

Chapitre III

Qu'a-t-on fait pour les femmes et les enfants ?

La santé n'est pas seulement un problème... sanitaire

En amont des actions spécifiques dans ce domaine, gouvernements et bailleurs de fonds ont pris conscience depuis un certain temps qu'il est nécessaire de mener des politiques plus hardies en matière d'alphabétisation et de scolarisation, d'hygiène et d'assainissement, d'éducation et de formation.

• Tous les spécialistes s'accordent désormais à reconnaître l'influence positive du ***niveau général d'éducation*** d'une société sur sa façon d'appréhender les problèmes de santé. Si ce niveau demeure encore trop bas dans les pays sahéliens et si la scolarisation a parfois été hâtivement sacrifiée sur l'autel des politiques d'austérité, certains efforts ont toutefois été accomplis. Dans plusieurs pays, on s'achemine vers le renforcement d'un enseignement primaire qualifié de « fondamental » qui serait progressivement accessible à tous les enfants âgés de 6 à 14 ans et donnerait à l'ensemble de la population une éducation de base, condition *sine qua non* du développement. Les contenus et les formes de cet enseignement tendent également à être réformés. Il est indéniable en effet qu'un des grands problèmes de l'enseignement au Sahel, et qui explique d'ailleurs dans certaines régions la relative désaffection des populations à son égard, est son inadaptation aux besoins et aux réalités concrètes des pays concernés. Encore trop souvent calqué sur les modèles hérités des anciennes métropoles, « machines » on l'a dit à fabriquer des fonctionnaires, ne tenant pas compte de la dimension profondément rurale des sociétés sahéliennes et tendant à accentuer l'exode vers les villes par les idéaux qu'il propose, ne dispensant enfin aucune formation pratique qui permettrait aux écoliers de s'insérer dans leur milieu et d'oeuvrer à sa modernisation, il a contribué à aggraver la fracture entre tradition et modernité, entre valeurs locales et modèles importés. Dans un pays comme le Sénégal, l'apparition d'un chômage important chez les jeunes diplômés donne la mesure de l'inadéquation existant entre la formation dispensée et les besoins du marché du travail.

Mais cet enseignement généralisé et rénové qu'on essaie de mettre en place doit s'appuyer sur des infrastructures insuffisantes. Le manque de locaux et de maîtres qualifiés est un des plus importants goulets d'étranglement qui empêche la démocratisation de l'école et qui explique sa très faible rentabilité. Dans la quasi-totalité des pays sahéliens, le taux de redoublement et d'abandon en cours de scolarité est excessivement élevé. Même au Cap Vert où le taux net de scolarisation dans le premier cycle atteint 92 % et où 40 % des enfants ont accès à l'enseignement préscolaire et sont donc préparés à affronter l'école, le taux de redoublement atteint 25 %. En Guinée Bissau, le taux d'abandon des filles dans le primaire atteint 45 %, près d'une élève sur deux. En Mauritanie, l'enseignement primaire comptait en 1987 22 % de redoublants, et l'on évaluait récemment à près de 70 % le taux d'abandon dans le primaire. Cela signifie qu'une faible minorité des enfants entrant en première année primaire ont une chance d'effectuer la totalité de leur scolarité dans ce cycle, sans parler de ceux qui terminent leurs études secondaires. Au Tchad, environ 10 % des élèves du primaire accèdent au secondaire et, sur cent enfants entrés au primaire, il n'y en aura que deux qui arriveront au baccalauréat. Il est donc nécessaire d'accroître aussi bien les financements consacrés à ce secteur que le niveau de formation des enseignants.

L'éducation préscolaire gagnerait par ailleurs à être étendue. Réservée jusqu'ici à une minorité citadine privilégiée et principalement assurée par le secteur privé, elle est pourtant un puissant outil d'épanouissement des enfants, un lieu où pourraient s'exercer efficacement leur prévention sanitaire et leur éducation à un certain nombre de règles d'hygiène et de nutrition. En milieu urbain surtout, elle soulagerait bien des mères là où les structures de la famille élargie sont en voie de disparition, où le travail salarié des femmes se répand et où les enfants sont trop souvent laissés à eux-mêmes et vivent de plus en plus dans la rue qui constitue le terreau idéal de la délinquance. Enfin, autre piste explorée dans plusieurs États sahéliens : l'introduction de l'éducation sanitaire et nutritionnelle proprement dite dans l'enseignement formel et dans les programmes des écoles d'instituteurs.

Généralisation d'un enseignement primaire en prise sur les réalités, amélioration du rendement du système scolaire, impulsion donnée à la scolarisation des filles, développement de l'alphabétisation et de la formation, voilà les urgences qu'impose la situation. Les réformes de l'enseignement tentées au Sahel depuis les années soixante ne se comptent plus pourtant, depuis « l'enseignement moyen pratique » sénégalais jusqu'à la réforme tchadienne du primaire en 1967. De nouvelles tentatives sont actuellement faites, avec des fortunes diverses et une volonté politique inégale, dans plusieurs Etats qui semblent en tout cas désireux d'inverser la tendance des dernières années au recul de la scolarisation.

Ainsi le *Cap Vert* a procédé à une réforme de l'enseignement réunissant les deux premiers cycles, enseignement de base élémentaire et enseignement de base complémentaire, en un seul enseignement de base intégré d'une durée de six ans. Dans ce pays où le budget de l'Éducation a augmenté de 6,3 % de 1980 à 1987 en prix constants et où les dépenses d'éducation se montent à 13 dollars par an et par habitant, les autorités envisagent de faire payer une partie du coût de la scolarisation pour pouvoir en assumer financièrement l'amélioration. Elles ont toutefois mis au point une série de garde-fous sociaux pour ne pas entraver l'accès des couches les plus défavorisées à l'éducation : cantines scolaires – la garantie offerte aux parents de distribution d'un repas chaud par jour accroît en effet la régularité de la fréquentation scolaire –, distribution gratuite de matériel scolaire et de vêtements, paiement des transports en fonction du revenu parental, octroi de bourses. En matière d'alphabétisation, laquelle est un droit inscrit dans la Constitution, la politique menée depuis 1976 a enregistré des résultats appréciables : on comptait en 1985 45 % d'analphabètes adultes contre 53 % en 1980, et l'objectif est de réduire leur nombre à 20 % de la population adulte d'ici fin 1991. En revanche, l'éducation sanitaire et nutritionnelle est encore peu répandue, et les responsables estiment qu'il s'agit d'un domaine où l'aide étrangère pourrait aider à pallier les carences.

En *Guinée Bissau*, malgré une aide étrangère d'environ 4 millions de dollars par an consacrée à l'éducation, l'État ne semble guère avoir les moyens d'améliorer un enseignement au rendement d'autant plus faible que les enseignants, comme dans la plupart des pays sahéliens sont très mal payés et travaillent souvent dans des conditions déplorables. Le taux de scolarisation primaire stagne à 26 % pour les filles alors qu'il approche de 50 % pour les garçons. Les autorités avaient pourtant commencé à prendre la mesure du problème en créant au début des années 80 des « Centres d'éducation populaire intégrés » destinés à promouvoir une meilleure articulation entre l'école et le milieu rural, qui furent transformés en 1984 en « Centres expérimentaux d'éducation et de formation ».

En *Mauritanie*, où les carences du système scolaire sont alarmantes, les autorités ont commencé à mettre en oeuvre un projet de renforcement de la formation de base des maîtres dans les écoles normales d'instituteurs de Nouakchott et de Rosso. Avec la collaboration de l'UNICEF et de l'UNESCO, elles ont également introduit l'éducation sanitaire et nutritionnelle dans les programmes des écoles normales. La Mauritanie a d'ailleurs une certaine expérience dans ce domaine dans la mesure où l'éducation sanitaire et nutritionnelle a démarré avec l'aide de l'UNICEF dès 1980 et qu'un projet devant durer jusqu'en 1992 est consacré à la formation d'un personnel enseignant spécialisé et à l'élaboration de matériel pédagogique.

Au *Sénégal*, une réforme de l'enseignement élaborée dès 1985 se donnait pour but de scolariser 76 % des jeunes de 3 à 19 ans d'ici l'an 2000, de décentraliser l'école et d'en adapter les programmes aux besoins du pays en créant pour ce faire un cycle fondamental de 13 ans pour les enfants de 3 à 16 ans intégrant l'éducation préscolaire au cours des trois premières années. La scolarité obligatoire était prévue pour durer quatre ans dans un premier temps, puis dix ans à partir du moment où les finances du pays le permettraient. Mais le coût global de la réforme ayant été estimé à l'époque à 538 milliards de F CFA, elle n'a guère de chances de voir le jour dans un proche avenir.

Au *Burkina*, l'accent a plutôt été mis depuis 1985 sur l'alphabétisation. Une campagne intensive a été menée en 1988, suivie en mars-avril 1989 par une campagne de post-alphabétisation. On s'est en effet aperçu depuis longtemps, et pas seulement au Sahel, que tout le bénéfice d'une campagne d'alphabétisation pouvait être perdu si les gens nouvellement lettrés n'avaient pas l'occasion de pratiquer leur savoir. C'est la raison pour laquelle l'élaboration d'un matériel didactique essentiellement en langues nationales et s'intégrant le plus souvent dans le cadre de l'alphabétisation fonctionnelle est une nécessité de plus en plus ressentie par les responsables de ce secteur.

Dans le domaine de l'éducation, le *Niger* mène deux expériences intéressantes depuis quelques années : il a créé d'une part, dans le cycle primaire, des écoles expérimentales où l'enseignement est dispensé dans les principales langues nationales et où l'on constate un taux d'abandon inférieur à celui enregistré dans l'enseignement primaire classique. Il a, d'autre part, introduit dans les écoles des « Activités pratiques et productives » (APP) consistant généralement, en milieu rural, dans la mise en valeur de jardins maraîchers par les élèves, grâce auxquels ils s'initient à de nouveaux procédés culturaux ; la production permet également de diversifier leur alimentation et de l'enrichir en légumes frais à haute teneur en vitamines, et peut procurer dans certains cas des ressources monétaires à l'école, lui permettant d'améliorer son équipement.

En *Somalie*, bien que la situation sociale se soit beaucoup dégradée au cours des dernières années, des efforts non négligeables avaient été fournis au cours des années 1970. La promulgation du somali comme langue nationale en 1972 et son introduction dans l'enseignement avaient permis à la scolarisation de faire un bond en avant. De même, un effort avait été fait en direction des femmes avec la création en 1974 d'un département de l'Éducation des femmes au ministère de l'Éducation.

En *Éthiopie*, les effectifs scolaires du primaire ont plus que doublé en dix ans, passant de 960 000 élèves en 1975 à 2,4 millions en 1985, mais les filles ne représentent encore que 30 % de la population scolaire du primaire. Depuis 1980, 70 écoles primaires expérimentales ont été ouvertes à travers le pays qui ont pour principe éducatif « apprendre par l'action », c'est-à-dire inculquer aux enfants non seulement des savoirs mais également des savoir-faire susceptibles d'être utilisés dans leur vie quotidienne. Le matériel d'enseignement de l'amharique y est essentiellement composé de livres consacrés aux problèmes de santé, de nutrition, d'hygiène et de protection des sols. L'éducation à l'environnement fait également partie de cet enseignement expérimental. Pour généraliser ce type d'enseignement, l'ex-équipe dirigeante avait calculé qu'il était nécessaire de former 100 000 instituteurs de 1988 à l'an 2000. La tâche est donc immense. En attendant, l'accent a été mis sur l'alphabétisation des adultes, avec de bons résultats puisqu'on estime actuellement que les deux tiers des Éthiopiens de plus de dix ans sont alphabétisés (59,6 % dans les zones rurales, et 84,5 % dans les villes).

Ces quelques exemples montrent qu'il existe une réelle prise de conscience de la nécessité d'agir dans le domaine de l'éducation et que plusieurs gouvernements, aidés en cela par les organisations internationales et l'aide bilatérale, se sont attelés à la tâche. Mais les obstacles sont encore nombreux sur le chemin de l'éducation pour tous, et en particulier pour les femmes. Outre d'insurmontables problèmes financiers, les priorités et les stratégies à mettre en oeuvre ne sont pas toujours clairement définies.

• Quand tous les Sahéliens pourront boire de l'***eau potable*** et disposeront partout de latrines ; quand les citadins des quartiers pauvres ne seront plus obligés de vivre au milieu des ordures, dans la poussière en saison sèche et dans les cloaques en saison des pluies, la mortalité infanto-juvénile régressera à une vitesse insoupçonnée, et une bonne partie des causes de la morbidité infantile auront disparu. Ces vérités sonnent comme des évidences, car il est impossible d'occulter le lien de cause à effet direct existant entre la santé et l'environnement hygiénique immédiat de la population et en particulier des enfants. Dans ce domaine aussi, si les actions menées n'ont pas été à la hauteur des immenses besoins, cela ne veut pas dire que rien n'a été fait. En proclamant la Décennie mondiale de l'eau potable et de l'assainissement, les Nations Unies ont tenté pour leur part de sensibiliser l'opinion publique internationale, les donateurs et les gouvernements à l'importance des enjeux. Dans de nombreux villages, le relais a été pris par l'initiative locale et par les organisations non gouvernementales (*).

Construire ici une margelle de puits surélevée, réaliser là un abreuvoir pour le bétail de façon à ce qu'il ne pollue pas les alentours du puits ou de la fontaine, édifier des latrines derrière l'école ou le dispensaire, apprendre aux mères à faire bouillir l'eau destinée aux enfants en cours de sevrage : il ne s'agit pas de faire du spectaculaire ni de privilégier de grandes réalisations, mais d'encourager des initiatives souvent modestes qui concourrent toutefois à changer profondément le mode de vie des gens et à les protéger au prix d'un minimum d'efforts contre une série de maladies évitables.

(*) *Lire le reportage de Rokhaya Sarr : «Sénégal : la corvée de l'eau », page 109*

Les actions lourdes comme les campagnes de forages ou la réalisation de voieries urbaines sont certes indispensables et doivent être prises en charge par les États, mais ne donnent leur pleine efficacité que si des structures locales sensibilisées à cet effort prennent le relais, en matière d'entretien et de gestion notamment. Plusieurs pays ont essayé d'agir plus efficacement dans ce domaine pour pouvoir répondre à des besoins croissants.

En *Guinée Bissau* où 25 % de la population a accès à l'eau potable et 21 % à des structures d'assainissement, un « Programme d'action sociale et infrastructurelle » (PASI) élaboré avec l'aide de la Banque mondiale et du FMI devait bénéficier de 20 millions de dollars entre 1989 et 1991, dont la moitié environ consacrée à la construction de logements, au secteur scolaire, à l'assainissement et à la réalisation de points d'eau. Bien qu'au cours de la décennie 1980 on ait construit en Guinée 1 600 puits et forages et 30 000 latrines, la situation demeure préoccupante et une organisation comme l'UNICEF concentre une bonne partie de ses actions dans le secteur de l'hydraulique villageoise et de l'éducation sanitaire dans les zones rurales.

En *Mauritanie* où 20 % seulement des besoins en eau de la population sont couverts et où le taux de couverture des besoins en hygiène et en assainissement est un des plus faibles de la région, le gouvernement a élaboré une « Politique nationale de l'eau et de l'assainissement » et un plan directeur eau/assainisement à l'horizon 2000 qui devrait relayer dans ce domaine le Programme de consolidation et de relance. Celui-ci prévoyait en effet au moment de son élaboration de satisfaire 60 % des besoins de la population rurale en eau potable d'ici fin 1991, mais il semble aujourd'hui que ce taux ne dépassera pas 30 %. D'ici l'an 2000 l'objectif est de réaliser 150 ouvrages hydrauliques modernes par an, de préserver l'hygiène autour des points d'eau existants, de favoriser la prise en charge par les utilisateurs de la maintenance et de la réparation des puits et des pompes et d'encourager le secteur privé à intervenir dans ces activités. L'aide internationale intervenant dans le cadre de la stratégie gouvernementale participe à plusieurs projets de réhabilitation visant à diminuer de 40 % l'incidence des maladies d'origine hydrique. Il s'agit entre autres de protéger dans l'immédiat la moitié des points d'eau existants. Elle a également mis en oeuvre un important projet de création de services de base pour les enfants de migrants de Nouakchott comprenant un volet d'assainissement des kebba de la capitale, dont la création de douze sources d'approvisionnement en eau et la mise sur pied d'un service de collecte des ordures.

Au *Burkina*, le plan pluriannuel de développement 1986-1990 prévoyait la réalisation de 8 200 puits et forages nouveaux et la réhabilitation de 3 036 ouvrages existants. Depuis la fin des années 1970, l'UNICEF a mis en oeuvre plusieurs projets d'hydraulique villageoise dont le démarrage a, il est vrai, posé de nombreux problèmes : manque de techniciens nationaux qualifiés pouvant assurer la relève des expatriés, retard pris sur le programme de réalisation, étude insuffisante de certaines contraintes techniques et culturelles ont ralenti l'exécution des forages prévus. À partir de 1983, une collaboration a été mise sur pied entre l'UNICEF, le PNUD, le FENU (Fonds d'équipement des Nations Unies) et le PAM pour l'exécution de 530 forages jusqu'en 1986, et 404 forages ont été effectivement réalisés pendant cette période. La coopération FENU/UNICEF/PNUD a été reconduite à partir de mai 1987 pour aider un plan gouvernemental d'hydraulique villageoise visant à réaliser, d'ici fin 1990, 700 forages équipés de pompes manuelles ; 180 forages avaient déjà été réalisés en 1988-1989.

Au *Mali*, le gouvernement et l'UNICEF ont prévu de réaliser 400 forages entre 1989 et 1993 dans les régions où l'eau manque le plus, l'objectif étant d'assurer un accès à l'eau potable (à terme 40 litres par personne et par jour) et à de meilleures conditions d'hygiène à 500 000 personnes des régions rurales les plus déficitaires. La formation d'un réseau de réparateurs locaux a également commencé en 1987.

Le *Niger* a pour sa part consacré 6 milliards de F CFA à l'assainissement pendant la période 1983-1985.

En *Éthiopie* où, en 1987, 7 % de la population totale avait accès à des latrines et moins de 2 % disposait du tout à l'égoût, le gouvernement a élaboré en 1984 un plan de dix ans devant se poursuivre jusqu'en 1994, dont l'objectif en matière d'eau et d'assainissement est de satisfaire les besoins en eau potable de 35 % de la population rurale et de 85 % de la population urbaine d'ici le milieu des années 1990.

De nombreuses actions sont donc menées dans ce domaine par tous les acteurs du développement : autorités nationales, aide bilatérale et internationale, ONG occidentales également qui sont très actives dans ce secteur. Mais les efforts sont insuffisants en regard des besoins, d'autant qu'on peut constater dans plusieurs pays une absence de coordination entre les différents intervenants qui réduit considérablement le rendement des actions entreprises. Une plus grande coopération entre eux, et surtout entre les ONG et les autres organismes impliqués, permettrait de réduire les duplications que l'on constate trop souvent alors que d'autres régions sont laissées à l'abandon.

En matière sanitaire proprement dite

De nombreuses stratégies ont été élaborées au cours des deux dernières décennies pour tenter d'améliorer les conditions de vie des populations sahéliennes, et plus spécialement les chances de survie des enfants. Elles privilégient toutes la prévention, tant il est vrai que la plupart des maladies les plus meurtrières peuvent être évitées avant même que d'être soignées. C'est pourquoi l'on a insisté sur la nécessité d'agir à l'amont de la santé elle-même, c'est-à-dire sur l'environnement dans lequel évoluent les Sahéliens. En fait, et l'on y reviendra, ce sont des programmes intégrés touchant tous les secteurs de la vie économique et sociale qu'il s'agit de mettre en place si l'on souhaite éliminer le terreau propice à la morbidité des enfants.

Dans le domaine de la santé, quatre grands programmes ont été mis en place avec l'assistance étrangère dans les pays sahéliens, qui se complètent et se superposent : la généralisation de l'accès aux soins de santé primaires (SSP) dont la communauté internationale avait pris l'engagement à la Conférence d'Alma Ata en 1978, l'exécution de programmes élargis de vaccination (PEV), la généralisation de la thérapie de réhydratation orale (TRO) permettant de lutter efficacement et au moindre coût contre les maladies diarrhéiques, et plus récemment l'Initiative de Bamako lancée par l'UNICEF en 1987 et consistant en un système de SSP élargis permettant de satisfaire les besoins en médicaments essentiels de 80 % des Africains, en étant en grande partie gérés et financés par les communautés bénéficiaires. Ces grands programmes accordent une place privilégiée aux femmes et aux enfants dans la mesure où la généralisation de la vaccination s'adresse à ces deux groupes vulnérables et où la protection maternelle et infantile (PMI) est un volet essentiel des SSP. Si leur mise sur pied rencontre d'énormes obstacles en matière d'organisation, de planification, d'infrastructures, de formation de personnel qualifié, etc., ils ont – outre le mérite de s'attaquer directement aux racines des fléaux – celui d'être beaucoup moins coûteux que la médecine curative qui, on l'a vu, engloutit une part énorme des maigres budgets nationaux de santé. Par rapport à d'autres secteurs et tout étant bien sûr relatif, il ne coûte pas excessivement cher de sauver la vie de milliers de femmes et d'enfants sahéliens. Dans tous les pays concernés, ces programmes ont été élevés au rang de priorité, mais ils sont mis en oeuvre différemment et avec des résultats inégaux.

Le *Cap Vert* est sans nul doute le pays ayant obtenu les meilleurs résultats. Les efforts fournis en matière de PMI et de planification familiale font qu'en 1989, 95 % des enfants étaient suivis médicalement au cours de leur première année d'existence, que près de la totalité des femmes ont au moins deux visites médicales au cours de leur grossesse, et que près de 90 % d'entre elles sont vaccinées contre le tétanos. Le PEV est également très étendu : les trois quarts des enfants sont totalement vaccinés contre les six maladies cibles, 86 % sont immunisés contre la rougeole qui est devenue une cause mineure de morbidité infantile (3 % des cas), et la presque totalité des enfants ont reçu le BCG et le vaccin DPT. La mortalité infantile a pu être ainsi ramenée à 65 ‰. En matière de médicaments enfin, une liste de médicaments essentiels a été établie qui est régulièrement révisée en fonction des besoins par une commission nationale. La fabrication locale d'un certain nombre de médicaments a commencé en 1983.

En *Guinée Bissau*, un Plan national de santé a été élaboré en 1976 au lendemain de l'indépendance, visant à garantir à moyen terme les SSP pour tous, à généraliser le PEV et à lutter contre les grandes endémies, et à assurer la fourniture des populations en médicaments essentiels. Dans ce pays où la médecine privée n'existe pas, l'accent a été mis sur l'importance de la prévention, la décentralisation des services de santé, le recours à des techniques simples et la formation d'un personnel de santé qualifié.

Trois écoles de formation du personnel paramédical existent à Bissau, Bolama et Nhala et une école de formation de médecins a été ouverte en 1985 à Bissau avec une assistance cubaine. En 1988 cependant, moins de 17 % de la population totale avait accès aux services de santé et, sur 121 centres de santé construits depuis l'indépendance, 59 seulement étaient opérationnels en 1988. En outre, trois des quatorze hôpitaux de secteur existants - premier échelon de la structure sanitaire à disposer d'un médecin - étaient fermés, et deux d'entre eux très dégradés. La réhabilitation des structures de santé constitue donc une priorité, et un tiers de l'aide extérieure qui représente 40 % des dépenses sanitaires du pays est consacrée au secteur hospitalier. En matière de PEV, de bons résultats ont été enregistrés lors de son démarrage en 1983 : près de la totalité des nourrissons de moins de un an ont alors été vaccinés contre la tuberculose, environ la moitié contre la diphtérie et la poliomyélite. Mais la situation ne s'est pas améliorée depuis. Les PEV souffrent en effet généralement de graves carences, pas seulement en Guinée Bissau, mais dans tous les pays du Sahel : si des opérations « coup de poing » peuvent se révéler très efficaces comme on le verra pour le Burkina, et bénéficient souvent d'importants moyens logistiques et financiers, leur suivi est rarement correct. Les second et troisième tours de vaccination sont moins sytématiquement menés, et les taux de vaccination peuvent diminuer de façon importante d'une classe d'âge à la suivante. C'est la raison pour laquelle gouvernements et organisations d'aide ont désormais tendance à privilégier les structures fixes de vaccination sur les structures mobiles, et à mettre à la disposition des PMI des moyens leur permettant de vacciner systématiquement tous les enfants venus en consultation. Dans ce domaine, l'objectif de la Guinée Bissau était de porter la couverture vaccinale des enfants à 75 % par antigène d'ici fin 1991, d'améliorer la vaccination contre le tétanos des femmes en âge de procréer et de diminuer de 20 % la mortalité maternelle due à l'anémie qui affecte les trois quarts des femmes enceintes. Toutefois, une loi sur le recouvrement des coûts de certains soins de santé promulguée en 1989 risque de voir la population s'éloigner de la médecine moderne pour des raisons financières, ce qui compromettrait la généralisation des SSP.

La *Mauritanie* a pour sa part élaboré une stratégie sanitaire intégrée pour les années 1990 ayant pour objectif de porter le taux de mortalité infanto-juvénile à 70 ‰ d'ici l'an 2000, en portant dès fin 1990 le taux de couverture vaccinale des enfants à 70 % par antigène, en renforçant la lutte contre les maladies diarrhéiques, en luttant énergiquement contre la malnutrition des mères et des enfants, et en généralisant l'accès aux SSP d'ici 1995, la seconde moitié de la décennie étant consacrée à la consolidation des acquis. Vaste programme on le voit, d'autant que les projets mis en oeuvre jusqu'à présent n'ont pas donné tous les résultats escomptés. Ainsi la Mauritanie a créé dès 1978 des centres de récupération et d'éducation nutritionnelle (CREN), et des centres d'alimentation communautaires ont été mis en place à partir de 1984 pour sensibiliser les populations aux problèmes nutritionnels, dispenser une éducation sanitaire et fournir aux enfants des repas équilibrés. Mais leur fonctionnement a connu de nombreux problèmes et le gouvernement tente actuellement d'en redéfinir la mission. En matière de vaccination, les premières journées maghrébines de vaccination qui se sont déroulées en octobre 1989 ont permis d'avancer vers les objectifs fixés, et la priorité semble être désormais donnée au suivi en faisant passer le nombre d'unités fixes de vaccination de 60 à 80 d'ici fin 1990 et en réorganisant la stratégie mobile pour pallier les carences du PEV que l'on évoquait plus haut. Il conviendrait également de mettre l'accent sur la vaccination des filles dont le taux d'immunisation est actuellement très inférieur à celui des garçons. Dans le cadre de l'Initiative de Bamako, la Mauritanie, qui applique depuis 1989 une politique de décentralisation des soins de santé et a créé des directions régionales à l'action sanitaire et sociale, prévoit la mise à la disposition des groupes les plus pauvres et les plus vulnérables de médicaments essentiels accessibles financièrement. Les organisations d'aide contribuent pour leur part à soutenir la politique nationale, à initier un programme de recherche opérationnelle et à appuyer les programmes de SSP existants en profitant de l'existence de nombreux comités villageois de santé. Il convient en particulier de soutenir plus activement les SSP et les PEV dont la mise en oeuvre pose de nombreux problèmes. Malgré les actions menées en ce domaine, une très faible partie de la population était effectivement couverte par les SSP fin 1989, et le renforcement de l'appui aux initiatives gouvernementales s'avère être une nécessité. Dans le nord du pays, l'UNICEF participe à un projet de surveillance nutritionnelle et à des activités de nutrition intégrée. C'est ainsi que cinq jardins maraîchers ont été créés dans cinq villages. Elle fournit également des capsules de vitamine A au programme national de lutte contre la cécité. Par manque de financements disponibles, l'UNICEF a toutefois été obligée de redimensionner certains de ses projets. Une meilleure coordination entre les différentes organisations du système des Nations Unies, en particulier entre l'UNICEF, le PNUD et l'OMS devrait permettre d'accroître l'efficacité de plusieurs projets.

Au *Sénégal*, une nouvelle politique sanitaire a été définie dès 1978 pour renverser la tendance en faveur de la prévention grâce à un développement des infrastructures et à leur meilleure répartition sur l'ensemble du territoire, à l'extension de SSP et en particulier de la vaccination, et à l'intensification de la formation de personnel qualifié. La formation d'agents de santé communautaires choisis par les populations s'est ainsi beaucoup accélérée depuis 1980. Si la proportion de Sénégalais ayant accès à un service de santé est passée à 40 %, que l'on estime aujourd'hui à 50 % le nombre d'enfants soignés par du personnel qualifié et à 40 % le nombre de femmes assistées médicalement lors de leur accouchement, il reste toutefois beaucoup à faire pour parvenir à une couverture sanitaire correcte de l'ensemble de la population. En 1989, 92 % des enfants ont eu le BCG, 60 % étaient vaccinés contre la rougeole, 58 % contre la fièvre jaune de plus en plus intégrée dans les PEV, et 55 % avaient bénéficié de la troisième dose de DTCP (*).

Des progrès ont été enregistrés par la *Gambie* en matière de vaccination : le taux de vaccination des nourrissons de 0 à un an a été porté à 98 % pour le BCG, 88 % pour la poliomyélite, 80 % pour la rougeole et 82 % pour le DTC. 87% des femmes en âge de procréer sont vaccinées contre le tétanos.

Depuis 1984, le *Burkina* a fourni de nombreux efforts en matière sanitaire en lançant dès novembre 1984 la fameuse opération « commando vaccination » qui fut à l'époque un modèle de mobilisation sociale. 41 % de la population cible fut vaccinée contre la rougeole, 62 % contre la fièvre jaune et 66 % contre la méningite. Le nombre de cas déclarés de rougeole a diminué de 60 % depuis cette opération. L'objectif défini par le PEV-SMI était de parvenir d'ici fin 1991 à vacciner 85 % des enfants contre sept maladies cibles (les six principales plus la fièvre jaune) et 85 % des femmes en âge de procréer contre le tétanos, et de parvenir à ce que 85 % des femmes et des enfants aient régulièrement accès à des centres de

---

(*) Lire le reportage d'Anne Jean-Bart : « Sénégal : une journée ordinaire au dispensaire Saint-Laurent de Dakar », page 112.

prévention. Pour atteindre ces objectifs, un ambitieux plan d'action devant durer de juillet 1989 à décembre 1990, mis au point et partiellement réalisé par le gouvernement et les principaux bailleurs de fonds, consisterait à rendre opérationnelles les 395 formations fixes de vaccination existantes, à équiper 263 nouveaux centres fixes, à assurer la vaccination des zones non couvertes par les centres fixes avec des équipes mobiles, à mettre en place un système efficace de ravitaillement des sept dépôts régionaux de vaccins existants et des centres, à former du personnel et à redynamiser les structures de mobilisation sociale. Avec la coopération internationale, le gouvernement a mis en oeuvre un projet d'une durée de quatre ans de lutte contre les maladies diarrhéiques qui consiste à vulgariser les SRO (sachets de réhydratation par voie orale) et à créer six unités de fabrication artisanale de SRO. On a d'ailleurs constaté depuis 1987 une augmentation non négligeable de leur utilisation. La coopération multilatérale gère en particulier un projet PEV-SMI qui intègre la lutte contre les maladies diarrhéiques, le paludisme, la méningite, les infections respiratoires, qui tend à diminuer l'importance des anémies chez les femmes et les enfants et qui soutient le développement de la pharmacopée traditionnelle. Au cours de la période 1991-1995, elle soutiendra dans 14 provinces le programme national de SMI élaboré par le gouvernement. Pour étendre enfin la couverture sanitaire à l'ensemble du pays, le gouvernement a lancé en 1985 l'opération « *un village, un poste de santé primaire* » qui s'appuie elle aussi sur la mobilisation sociale de la population.

Au *Mali*, où la mortalité juvénile peut atteindre des taux de 350 ‰ dans certaines régions rurales, le PEV lancé officiellement en décembre 1986 visait à assurer en quatre ans la couverture vaccinale contre les six grandes maladies de 80 % des enfants de 0 à deux ans et à vacciner 80 % des femmes enceintes contre le tétanos. Fin 1987, 29 % d'entre eux avaient reçu le BCG, 8 % le DTP, 11 % avaient été vaccinés contre la rougeole et 9% des femmes enceintes avaient été immunisées contre le tétanos. Dans un tel contexte, l'objectif prévu pour 1990 ne pouvait pas être tenu. C'est la raison pour laquelle un groupe de travail comprenant le ministère de la Santé, la Banque mondiale, la CEE, l'UNICEF et la Pharmacie populaire du Mali a alors été créé pour mettre en oeuvre une politique nationale en matière de médicaments essentiels.

Le *Niger*, à la suite d'un débat national sur la santé organisé en 1983, a décidé en matière médicale de donner la priorité aux SSP. Trois écoles de santé ont été créées : une faculté de médecine, une école nationale de santé publique pour la formation de techniciens supérieurs et une école d'infirmiers. Près de 15 000 agents de santé villageois ont par ailleurs été formés jusqu'en 1988, et près de la moitié de la population a désormais accès aux postes de santé villageois, tandis que que les villages les plus importants bénéficient de dispensaires ruraux mieux équipés. Le Niger disposait en 1988 d'un total de 442 formations sanitaires dont deux hôpitaux nationaux, un CHU et quatre centres antituberculeux. Le PEV a quant à lui effectivement démarré en 1988, l'objectif étant de parvenir rapidement à un taux de couverture vaccinale des enfants de 0 à 23 mois de 70 % pour le BCG, 65 % pour la rougeole et la fièvre jaune, 60 % pour la diphtérie, la coqueluche et la poliomyélite, et de vacciner contre le tétanos 65 % des femmes en âge de procréer. Dans le cadre du PEV, l'UNICEF, en collaboration avec l'OMS, la Banque mondiale et le Rotary, fournit les vaccins et le matériel de vaccination et a formé 200 agents spécialisés et 350 vaccinateurs. Un programme de lutte contre les maladies diarrhéiques vise par ailleurs à faire tomber à 13 % le taux de mortalité infanto-juvénile imputable aux diarrhées. Enfin, pour élargir l'accès des populations à la santé, le Niger a pour objectif d'introduire la pharmacopée traditionnelle dans le système des SSP. Il est vrai que depuis qu'en 1986 la médecine moderne a cessé d'être gratuite, on a constaté une nette diminution de la fréquentation médicale au profit de la médecine traditionnelle mieux connue et plus proche des usagers.

Depuis le démarrage du PEV en janvier 1985, on a pu constater au *Tchad* une amélioration sensible de la couverture vaccinale, avec près de la moitié des nourrissons de 0 à 11 mois vaccinés contre les grandes maladies, l'objectif étant de parvenir à un taux de couverture de 75 % des enfants et des femmes en âge de procréer. Deux grandes campagnes de vaccination ont eu lieu à N'Djamena en février 1986 et en octobre-décembre 1987 qui ont touché 350 000 enfants de moins de deux ans et 100 000 femmes. Grâce à un important financement italien (3,5 millions de dollars), le Tchad a pu équiper 14 centres régionaux fixes de vaccination, 180 postes dans les petites agglomérations et 9 équipes mobiles. Des efforts sont fournis depuis la fin des hostilités , mais le pays souffre encore d'un manque de coordination entre les intervenants dans le secteur - ministères, aide extérieure classique et ONG - et entre les différents services s'occupant d'action sociale et sanitaire. La collaboration avec les ONG est particulièrement importante au Tchad où le secteur confessionnel (les églises essentiellement) gère le quart des 425 formations sanitaires du pays, tandis que l'État en contrôle les deux tiers et le secteur privé 10 %. Un programme de TRO a été mis sur pied avec la collaboration de l'UNICEF, l'US-AID, l'OMS et les ONG Africare et Pritech, et un million de SRO avaient été distribués fin 1987. L'aide extérieure a par ailleurs contribué à la réhabilitation de 22 centres de PMI dont sept dans la capitale, à la mise en place de neuf équipes mobiles de nutrition, à l'approvisionnement du pays en médicaments essentiels et à la restauration de la maternité de l'hôpital central de N'Djaména avec l'aide de la Croix rouge finlandaise.

A *Djibouti*, les autorités semblent désireuses de remédier à la mauvaise gestion des ressources médicales et de renverser la tendance à privilégier la médecine curative, en introduisant entre autres des cours de survie infantile et de lutte contre la diarrhée dans les programmes de l'école normale d'instituteurs. Des efforts ont également été accomplis en matière de TRO et de PEV. En 1988, la couverture vaccinale des enfants de moins de un an était de 91 % pour la rougeole, 79 % pour le BCG, 71 % pour la poliomyélite, tandis que 59 % des femmes fécondes avaient reçu au moins deux doses de vaccin antitétanique. Le problème est toutefois de parvenir à augmenter ou même simplement à maintenir ces pourcentages. En matière de lutte contre les maladies diarrhéiques, plus de deux cents médecins et membres des professions paramédicales ont été formés à la TRO, et on estime que 63 % des citadines et 53 % des rurales utilisent le SRO. Mais, dans le même temps, près de 80 % des centres de santé publique manquent d'eau ou de latrines ! Il semble enfin difficile d'améliorer la situation sanitaire des femmes djiboutiennes comme de celles d'autres pays de la Corne de l'Afrique si les autorités ne s'impliquent pas au plus haut niveau dans la lutte contre l'infibulation.

L'*Éthiopie** tente elle aussi d'améliorer ses services de santé, priorité d'autant plus grande qu'elle enregistre 1,3 million de naissances par an. Tandis que l'UNICEF participe à la formation des agents de santé communautaires et des matrones, le gouvernement italien a financé un PEV ayant pour objectif de généraliser d'ici fin 1990 la

(*) *Cette étude ayant été rédigée avant la chute de l'ancien régime, elle ne tient pas compte des bouleversements politiques intervenus en 1991.*

vaccination des enfants de moins de deux ans contre les six grandes maladies, et celle des femmes enceintes contre le tétanos. Le gouvernement éthiopien vise également à étendre la TRO et a entrepris, avec l'aide de l'UNICEF, la fabrication nationale de SRO. L'UNICEF et l'OMS ont également aidé l'Éthiopie à fabriquer localement neuf médicaments essentiels.

Un enfant qui devient adulte, une femme qui a survécu à ses nombreux accouchements, ne sont pas chose normale au Sahel. La sécheresse des statistiques montre l'étendue d'un drame humain, social, économique dont les causes sont loin d'être enrayées. On tente d'agir il est vrai, parfois avec succès, pour mettre fin au scandale d'une mort qui frappe encore massivement. Mais la rapidité de l'accroissement démographique rend les réalisations dérisoires par rapport à la vitesse avec laquelle les besoins augmentent. Les hésitations, les incohérences, les erreurs des politiques menées jusqu'à présent ont aussi trop souvent ralenti la marche des progrès. Le Sahel pourtant, pas plus qu'aucune autre région en développement, n'est condamné à la fatalité de la stagnation sociale. Mais pour parvenir dans ce domaine à un véritable décollage, il faut commencer par remettre en cause bien des idées reçues, bien des choix jusqu'ici considérés comme des dogmes, bien des méthodes d'action ayant entravé la mise en oeuvre de stratégies qui auraient pu donner de bons résultats. Dans ce domaine comme dans les autres, il n'y a pas de recette miracle. Les échecs ont au moins ceci de bon que l'on a pu en tirer quelques leçons et que l'on sait peut-être mieux que naguère ce qu'il convient de faire. Mais que faut-il faire ?

SÉNÉGAL :
LA CORVÉE DE L'EAU

Par Rokhaya SARR

À 30 KILOMÈTRES DE DAKAR, LE VILLAGE DE KEUR MASSAR

Il est environ midi. À l'entrée du village, sous l'ombre des arbres, une borne-fontaine. Quatre robinets d'où ruissellent de minces filets d'eau. Des jeunes femmes bavardent en attendant que leurs bassines se remplissent. A côté d'elles, le seau au bras, des petites piétinent dans la boue en attendant leur tour.

Aminata a 7 ans. Elève à l'école du village, elle fréquente une classe à double flux (1) où elle va l'après-midi seulement. Le matin, elle est de corvée d'eau. Quand on lui demande combien de fois elle fait l'aller et le retour entre la fontaine et chez elle, elle dit ne pas savoir. Pas plus que ne le sait sa tante qui, à cette question, répond : « *Tant qu'on a besoin d'eau à la maison* ». À quoi une jeune femme ajoute ce commentaire : « *Je vous assure que ces enfants*

---

(1) : Etant donné l'insuffisance du nombre des écoles, des enseignants, et des moyens didactiques, les élèves de certains établissements publics - depuis 2 ans - vont en classe une partie de la journée.

ont de la chance. Moi, je viens du village de Niague. Quand j'étais petite, il n'y avait pas de robinet, il fallait chercher l'eau au puits et c'était beaucoup plus fatiguant. Elles, elles n'ont qu'à poser leur seau sous le robinet et quand il est rempli, on les aide encore à le mettre sur la tête. Nous, après avoir remonté le seau du fond du puits - et c'était lourd ! - nous devions transvaser l'eau dans nos bassines et les transporter toutes jusqu'au village. ». Elle éclate de rire : « *Il faut qu'une femme apprenne très tôt à se rendre utile. Sinon, elle devient paresseuse. Dans mon village, c'est bien simple, dès qu'une fille est sevrée elle va à la fontaine* ». Boutade, mais qui en dit long sur le travail des enfants en milieu rural. Travail tout à fait nécessaire, même s'il répond à un principe éducatif.

Le pays, la population, manquent d'eau. Bon nombre de forages ne fonctionnent plus, car la question de leur entretien n'a pas été bien pensée et les villageois ne peuvent le faire eux-mêmes. Philosophes, ou résignés, ils disent : « *Les forages sont là pour le décor. Ils ne marchent pas.* »

Et l'eau ne manque pas qu'à la campagne. Dans les villes, bien des enfants sont aussi de corvée. On les voit aller et venir avec leur seau, jouant et courant à l'aller, penchés sous la charge au retour. Dans les quartiers populaires de Dakar, avoir un robinet chez soi est un luxe. Dans bien des familles, le niveau de vie est tel que même si on pouvait faire installer l'eau courante, on ne pourrait payer les factures. Tout l'argent va à la nourriture et la question de l'approvisionnement en eau est l'affaire - la responsabilité - des enfants.

À Dakar, la demande en eau étant bien supérieure aux possibilités de la société chargée de l'exploitation et la distribution, il n'est pas rare que des maisons - qui ont pourtant l'eau courante - en soient privées plusieurs jours durant. Et le rationnement est institué : certains quartiers ne sont servis qu'à partir de 23 heures, d'autres entre 6 et 8 heures du matin. Il faut faire des réserves, remplir des bassines, avoir, si on le peut, un tonneau, une citerne. Ce sont toujours les enfants qui les remplissent, les filles surtout. Pour alléger leur tâche, les enfants des quartiers populaires ont instauré un roulement. Les uns préfèrent se lever de bonne heure pour s'acquitter de leur corvée. Les autres attendent l'ouverture des robinets avant d'aller dormir. Mariama, par exemple, a changé son « tour ». Avant, elle allait chercher l'eau entre midi et deux heures, mangeait en toute hâte avant de retourner à l'école. « *Maintenant*, dit-elle, *ma mère a acheté un grand fût que je remplis le matin avant de partir. C'est bien mieux* ».

Adultes avant l'âge, ces enfants veillent à ce que « leur eau » ne soit pas gaspillée. Sermon à celle qui veut prendre sa deuxième douche de la journée. Fessée au petit frère qui plonge ses mains sales dans la bassine. Car dure est la recherche de l'eau. ■

SÉNÉGAL :

UNE JOURNÉE ORDINAIRE AU DISPENSAIRE SAINT-LAURENT DE DAKAR

par Anne JEAN-BART

Ce samedi-là, comme les autres jours de la semaine, les bancs installés dans la cour du dispensaire Saint-Laurent sont presque tous occupés. Une bonne soixantaine de femmes attendent. Elles tiennent leurs enfants sur leurs genoux, enveloppés dans des pagnes de couleurs vives. Les regards posés sur les dernières arrivées sont chargés de compassion : il faut se lever tôt pour venir au dispensaire ! Arrivés au milieu de la matinée, vous êtes condamnés à rester jusqu'à l'heure du déjeuner, si ce n'est au-delà...

La plupart des visiteuses viennent de la périphérie, Parcelles Assainies, Pikine ou Yeumbeul, à 25 kilomètres de là. Pourquoi ne pas rester dans son quartier d'origine où, en principe, existent des structures de soins ? « *C'est mieux ici, même si c'est loin. Les sœurs sont plus sérieuses que les infirmiers des dispensaires de l'État* », explique finalement Maimouna avec réticence. Sa voisine ajoute : « *Ici, on peut avoir les médicaments en payant 250 francs CFA alors que les dispensaires publics, où l'on paye 50 à 100 francs, ne fournissent pas ce service. Et ils donnent des ordonnances que nous ne pouvons pas payer.* »

Une fois les tickets distribués, un vieux retraité surnommé « Tonton » organise les entrées. Première étape : la pesée. Puis vient la prise de température. Les femmes se glissent ensuite sur les bancs d'une salle aux murs blancs décorés de jouets en plastique. Des planches dessinées illustrent les soins à apporter aux petits : « *Lavez-vous les mains avant de préparer les repas* », « *Variez les préparations avec un jaune d'oeuf ou une banane écrasée* », « *Donnez la bouillie à la cuiller, mais pas les restes des autres repas* ». Sœur Immaculata fait sa consultation. Elle interroge l'enfant doucement, en Wolof (langue nationale) : « *Mamadou, ou as-tu-mal ?* ». L'enfant, intimidé par la coiffe ou par les yeux bleus de cette dynamique Irlandaise implantée au Sénégal depuis 19 ans, ne répond pas. Sa mère explique qu'il a des maux de ventre, qu'il mange sans appétit et qu'il vomit.

Une série de questions suit pendant l'examen. Elles reviendront comme des leitmotive au cours de la matinée : « *Que donnes-tu à manger à ton enfant ? Mange-t-il autre chose que du riz ? Et toi, tu manges du poisson ? Pourquoi il n'en mange pas ? Tu manges du mil et du lait caillé ? Pourquoi ton enfant n'en mange pas ? Tu manges des œufs ? Et ton enfant, pourquoi tu ne lui en donnes pas ?* ». Les explications sont claires : « *Ton enfant a besoin de manger du poisson et de la viande si tu veux qu'il soit grand. Si tu ne lui en donnes pas, il va rester petit* ». Les mauvaises habitudes (on donne à l'enfant ce qui reste du repas des adultes) et les pratiques traditionnelles (les enfants, surtout les garçons, ne doivent pas manger d'œufs, sinon ils seront muets ou chauves) ont la vie dure. Une fois sevrés, les enfants changent brutalement de nourriture, passant du sein de leur mère au riz, base de l'alimentation. Cette nourriture peu diversifiée manque d'aliments de croissance, de protéines que l'on trouve par exemple dans le poisson, très accessible aux populations dakaroises.

Une jeune femme à la peau artificiellement éclaircie ouvre le pagne d'où émerge une très petite chose : un bébé de deux semaines qui pèse 1,8 kilo et qui a pris seulement soixante grammes au cours de sa vie toute neuve. C'est le second enfant de cette femme épileptique à qui son entourage interdit l'allaitement au sein. Pourquoi ? pour ne pas « contaminer » son enfant. La sœur soignante explique sans relâche que le lait au sein est celui qui convient à ce petit bébé et va le protéger contre les maladies et la diarrhée. Ce lait va le faire grossir plus vite que le lait du commerce qui n'est pas adapté à tout le monde.

Expliquer, encore et encore...

L'atmosphère est chargée de cris d'enfants à qui ont fait des piqûres contre le paludisme, des pleurs de nourrissons calmés au sein, des allées et venues des femmes, de l'adjointe de Sœur Immaculata, Angèle, et des deux jeunes filles qui préparent les ordonnances de l'autre côté de la pièce. Beaucoup d'animation et de cris de joie à l'entrée d'un bébé, Ousmane, et de sa maman. « *Il revient de loin, celui-là...* ». Dix-huit mois, maigre, petit, l'air maladif, Ousmane est né avec de l'herpès dans la bouche. Il a été mal nourri, puis a eu une rougeole très violente et a été sorti d'affaire grâce à des soins attentifs. Finies les diarrhées et la déshydratation !

La diarrhée est une cause majeure de mortalité infantile à Dakar : elle explique 19 % des décès des enfants de un an. A Pikine, banlieue dakaroise, une enquête effectuée en 1984 a pu prouver que les enfants les plus atteints par cette maladie avaient entre 12 et 18 mois, alors qu'à peine 5 % des diarrhées concernent les moins de 12 mois. Très peu de mères utilisaient à cette époque la TRO : moins de 1 % y avaient recours.

À Saint Laurent, dès qu'un cas se présente, on explique comment faire cette préparation réhydratante (un litre d'eau plus huit morceaux de sucre et une cuiller de sel) à donner à la cuiller. Les femmes repartent avec de petits flacons, ainsi qu'avec des produits antibiotiques et antiseptiques.

En cette période de saison sèche, la rougeole frappe durement les enfants. Au dispensaire, au milieu de la matinée, 29 enfants de 1 à 14 ans étaient venus consulter pour cette maladie. Une petite Catherine de 3 ans est présentée par sa maman : « *Pourquoi n'es-tu pas venue faire vacciner ta fille depuis l'an dernier ? elle n'aurait pas été malade si tu l'avais faite vacciner* ». Le « *J'ai oublié* » donné pour réponse cache sûrement de multiples raisons, y compris les disponibilités financières. Sœur Immaculata et Angèle à ses côtés poussent des soupirs en voyant l'état de l'enfant couvert de croûtes, au nez bouché et aux yeux sales. Depuis quand n'a-t-elle pas été lavée ? Une croyance tenace veut qu'on ne lave pas les enfants malades et en particulier ceux qui ont la rougeole. « *Tu vois que ton enfant ne respire pas bien. Sa peau, qui est sale, ne respire pas non plus. Il faut laver ta fille* ».

Devant les explications de la mère, les soignantes répliquent : « *Connais-tu une maladie soignée par la saleté ?* ». Savon et serviette sont procurés à la mère qui va laver son enfant au robinet.

Les cas se succèdent. Les urgences sont présentées aux yeux expérimentés de Sœur Immaculata. « *Mais pourquoi avoir attendu autant ?* » s'écrie-t-elle en prenant un enfant peul au teint clair d'une maigreur alarmante. Il a les membres raides. Le père, visiblement gêné, explique qu'on leur avait dit de ne revenir que dans six jours. « *Mais six jours, c'était si ça allait mieux. Il fallait revenir rapidement. Tu vois comment est ton enfant. Sa maladie s'est aggravée* ». Atteint d'une pneumopathie, l'enfant doit maintenant être hospitalisé rapidement.

Une femme pleure car elle se fait gronder par Angèle. Son enfant gémit doucement. Il a au creux de l'aine un abcès rougeoyant qui doit être vieux de plus d'une semaine. Un guérisseur a tenté d'intervenir avec des plantes car la famille a déconseillé d'aller à l'hôpital. Inquiète par l'aspect des choses, la mère est finalement venue consulter. Angèle et Immaculata se regardent, un instant découragées par l'immensité du travail d'éducation qui reste à accomplir. « *Si les mères avaient reçu un minimum d'éducation, nous devrions avoir un quart des enfants seulement.* », soupire Immaculata.

Au dispensaire, des causeries sont organisées en direction des groupes cibles, femmes enceintes ou jeunes mères. « *Les messages de santé sont simples et il ne faut pas avoir peur de les répéter* », vous dit-on. On apprend aux mères à prévenir le paludisme en prenant de la nivaquine. Elles sont encouragées à faire vacciner leurs enfants en temps utile. D'ailleurs, un enfant vacciné paye ici sa consultation 50 francs CFA moins cher. Les séances de vaccination sont regroupées deux mardi par mois (soutenues par l'UNICEF dans le cadre du PEV). La philosophie est que l'on peut faire très bien avec peu de choses : bien nourrir les enfants, les soigner sans attendre, les vacciner, les laver correctement, ne pas avoir trop d'enfants et espacer naturellement les naissances. L'équipe soignante estime que le message commence à passer, mais les nouvelles arrivées venant des zones rurales nécessitent une poursuite constante des efforts. ■

TROISIÈME PARTIE

Préparer l'avenir des enfants du Sahel

Chapitre I

Inverser quelques priorités

Pour résoudre les problèmes, « *il faut transporter les villes à la campagne* » proposait au début du siècle un humoriste français. Ce n'était certes qu'une plaisanterie, et certains États qui ont voulu réformer leur sociétés en déplaçant les citadins vers les zones rurales ont provoqué une des plus grandes tragédies de notre époque. La réalité de cette fin de XXe siècle est ce qu'elle est : comme d'autres avant eux ou en même temps qu'eux, les pays sahéliens s'urbanisent à un rythme accéléré et aucune politique, la plus sage soit-elle, ne parviendra à inverser un phénomène qui semble à tous égards irréversible.

Il s'agit là d'un véritable bouleversement des sociétés sahéliennes, car l'extension du mode de vie urbain remet en cause les valeurs mêmes qui ont pendant des siècles servi de base aux rapports sociaux. L'institution de la famille élargie, l'unité de production familiale, la dominante gérontocratique du pouvoir, même les solidarités ethniques, tendent dans les villes à s'estomper au profit de nouvelles formes d'organisation sociale fondées sur le salariat, le rôle accru des jeunes dans les structures du pouvoir, l'apparition progressive de la famille nucléaire et l'émergence de solidarités de quartier qui tendent à se substituer à celles de la tribu. L'échec du modèle industriel et bureaucratique et l'aggravation de la crise économique et sociale ont par ailleurs favorisé un processus d'informalisation de l'économie d'une telle ampleur que le secteur informel est devenu le principal secteur productif des grandes villes sahéliennes, engendrant de nouvelles formes de rapports de production. En voie d'urbanisation, d'informalisation, de monétarisation, la société sahélienne n'est plus ce qu'elle était. Les planificateurs et les bailleurs de fonds ne peuvent plus faire l'économie d'une recherche approfondie sur ces phénomènes nouveaux pour pouvoir intervenir efficacement dans le tissu économique et social. Que pourrait en effet signifier une stratégie d'aide à l'enfance pour le début du siècle prochain qui ne tiendrait pas compte de ces évolutions ?

Mais, dans le même temps, la population s'accroît à une allure telle que les Sahéliens seront dans 25 ans deux fois plus nombreux qu'aujourd'hui. Si la population urbaine augmente deux fois plus vite que la population totale (de 3,4 % par an au Mali à près de 8 % en Mauritanie et au Tchad), la population rurale n'a pas fini de croître, et les habitants des campagnes seront plus nombreux à la fin de cette décennie qu'ils ne le sont aujourd'hui. Pour de nombreuses années encore, les pays sahéliens resteront des sociétés profondément rurales. C'est d'autant plus probable que, vue la crise économique, le peu de perspectives qu'offrent les villes en matière d'emploi, la paupérisation des couches défavorisées et même moyennes urbaines, l'exode rural a eu tendance à se tasser au cours des années 80 par rapport aux années 1970 : le taux de croissance urbaine a diminué dans sept pays du Sahel pendant la décennie 1980, passant de 8,1 à 4,4 % par an en Guinée Bissau ou de 9,2 à 7,9 % en Mauritanie. Il s'est en revanche maintenu ou a légèrement augmenté au Burkina, au Niger, en Somalie, au Cap Vert et au Sénégal. Les pouvoirs publics ont tous par ailleurs comme politique affichée de freiner la migration des ruraux vers les villes de plus en plus ingérables qui deviennent progressivement de véritables poudrières sociales.

Deux grandes tendances se dégagent donc au Sahel pour les prochaines années : la croissance démographique et le contexte aussi bien politique qu'économique font que la population rurale continuera d'augmenter à un rythme soutenu. Mais aussi, et quelles que soient les stratégies mises en place pour freiner l'exode rural, les villes verront leur croissance se poursuivre. Il s'agira donc, pour améliorer les conditions de vie de la population et en particulier des groupes les plus vulnérables, d'agir dans deux directions : il faudra à la fois créer dans les régions rurales des infrastructures économiques et sociales susceptibles d'inverser les termes de l'échange villes-campagnes actuellement trop favorable aux premières, et agir dans les agglomérations urbaines de façon à y freiner la dégradation de l'environnement et des conditions d'existence. Vaste programme auquel doivent s'atteler tous les acteurs du développement, gouvernements, aide publique bilatérale et internationale, ONG, s'ils veulent stopper les évolutions négatives auxquelles on assiste depuis une décennie. Seuls quelques grands secteurs prioritaires seront rappelés ici, au demeurant fort bien connus des spécialistes et qui ont déjà été évoqués au cours de ces pages.

Rendre les campagnes viables et vivables.

Presque tous les pays sahéliens pourraient être autosuffisants. Pourtant, les campagnes parviennent à peine à nourrir leurs habitants, et ont cessé depuis longtemps d'être les fournisseurs privilégiés des villes en denrées vivrières. L'environnement s'y dégrade par ailleurs à un rythme alarmant, aggravant les conditions de vie des populations et alourdissant les tâches des groupes les plus vulnérables. Ainsi, les corvées d'eau ou de bois ont tendance à s'allonger dans certaines zones où le déboisement est très avancé et où les puits se sont asséchés, comme c'est le cas dans plusieurs régions de Mauritanie. Les politiques à mettre en oeuvre pour renverser ces tendances ne sont pas faciles à élaborer et les nombreux échecs enregistrés, y compris des expériences considérées comme novatrices et fondées sur une appréhension correcte des réalités, ont fait prendre conscience de l'extrême complexité des processus à maîtriser pour initier des actions globales de développement. Il semble en tout cas nécessaire de mener des opérations intégrées permettant d'agir en même temps aux niveaux économique, social, politique, écologique, tant il est vrai que tout se tient et que, comme dans un jeu de construction, le déplacement d'une seule pièce modifie l'architecture de tout l'édifice.

• ***Agir sur l'environnement.*** Il s'agit là d'une priorité si l'on ne veut pas voir le désert ronger plus avant les zones fertiles, et la pression démographique s'accroître sur les terres cultivables, accélérant encore leur dégradation. La préservation des écosystèmes soudano-sahéliens n'implique pas seulement des actions de sauvegarde, si importantes soient-elles, mais aussi une profonde transformation des systèmes culturaux en vigueur. Le fait d'accroître la productivité des terres cultivables permet en effet non seulement d'augmenter la production agricole, mais d'éviter qu'on ne mette en culture, sous l'empire de la nécessité, les terroirs les plus fragiles, à la limite des zones de culture permanente comme c'est le cas un peu partout depuis vingt ans. Ainsi au Niger, les surfaces consacrées au mil et au sorgho ont été multipliées par trois entre 1962 et 1985 pendant que les rendements eux, passaient de 520 à 420 kilos par hectare du fait de l'épuisement des terres consécutif à l'abandon de la jachère et la non-utilisation de fertilisants.

De nombreuses actions de sauvegarde de l'environnement et de protection des sols contre le ruissellement ont d'ailleurs des effets directs sur l'agriculture. C'est le cas de la construction de diguettes de pierre ou de la plantation d'arbres suivant les courbes de niveau qui a été entreprise au Cap Vert et au Burkina pour limiter l'érosion, et qui a permis au bout de peu de temps d'améliorer les rendements vivriers sur les surfaces ainsi aménagées (*).

Lutter contre la dégradation de l'environnement c'est aussi, on l'a dit, stopper le déboisement qui s'accélère un peu partout. Plusieurs types d'actions ont été tentés dans ce domaine qui ont connu des succès mitigés. Les projets de reforestation sur une grande échelle lancés au début des années 1970, époque où plusieurs pays ont cru pouvoir dresser un « barrage vert » contre l'avancée du désert, ont vite atteint leurs limites, financières essentiellement. Ces opérations extrêmement coûteuses et au rendement relativement médiocre ont été impossibles à assumer par des gouvernements aux ressources modestes, et l'aide extérieure n'en a guère fait à l'époque une priorité. Leur ont succédé des tentatives de création de plantations villageoises gérées par les communautés et destinées à la fois à avoir un effet positif sur l'environnement et à fournir les villages environnants en bois de feu. Si certaines de ces plantations ont été d'indéniables succès, d'autres ont connu l'échec car on n'avait pas suffisamment tenu comp-

---

(*) *Lire le reportage d'Alfred Sawadogo : « Burkina : des diguettes contre l'érosion », page 140.*

te des contraintes du calendrier cultural des paysans et des obstacles de nature foncière à la création d'un véritable capital forestier. On semble désormais s'orienter plutôt vers des projets d'agroforesterie qui en sont pour l'instant au stade expérimental. Il est en tout cas certain qu'une plus grande complémentarité entre cultures, élevage et exploitation du couvert forestier, et une meilleure intégration des trois activités entre elles ne manqueraient pas d'avoir des effets positifs sur l'environnement.

Il demeure enfin urgent de populariser l'utilisation d'énergies alternatives et de favoriser les économies de bois en vulgarisant les foyers améliorés. Mais là aussi, ni les gouvernements, ni l'aide extérieure n'ont fait de l'écologie une priorité, et les financements dont elle bénéficie sont dérisoires en regard des besoins. Au cours des dernières années, le secteur écologie-forêts a reçu à peine 1 % de l'assistance étrangère totale aux pays sahéliens, contre 1,5 % au début de la décennie. Non seulement cette aide est insuffisante mais elle est en déclin (*).

Les sociétés traditionnelles avaient su maintenir l'équilibre entre l'homme et son milieu, rompu par les grandes mutations démographiques et économiques contemporaines. De nouveaux équilibres doivent être trouvés, répondant aux besoins nouveaux sans entamer davantage le capital écologique sahélien. L'intensification de l'agriculture peut y concourir.

• ***Accroître, sécuriser, diversifier la production alimentaire.*** L'agriculture vivrière sahélienne doit trouver ou retrouver des fonctions qu'elle n'aurait jamais dû perdre : nourrir plus et mieux les populations rurales et jouer un véritable rôle économique en devenant le principal fournis-

(*) *Lire le reportage de Ferdinand Dabiré : « Burkina : mobilisation des enfants pour les foyers améliorés », page 146.*

seur des villes en denrées alimentaires. Une telle évolution n'implique pas seulement l'agriculture mais l'ensemble de la politique économique des Etats concernés, aussi bien fiscale que douanière ou foncière, sans parler de la politique des prix qui demeure un paramètre essentiel de la sécurisation de la production paysanne, ou de l'amélioration des infrastructures de transport et des circuits de commercialisation, sans lesquels aucune complémentarité entre les différentes régions d'un pays ne saurait se concevoir.

Si l'agriculture est « la priorité des priorités » de tous les États sahéliens, cette affirmation sans cesse répétée par les responsables n'a pas toujours été traduite dans les faits. L'agriculture pluviale en particulier, qui fait vivre l'écrasante majorité des ruraux et continue d'assurer la plus grande partie de la production vivrière, est délaissée au profit de grands projets d'irrigation au coût prohibitif et au rendement souvent douteux. De façon générale, les secteurs productifs et spécialement le secteur agricole n'ont bénéficié que d'une part modeste des financements publics depuis les années soixante. Ceux-ci ont surtout été absorbés par les secteurs public et parapublic. Même les grands projets théoriquement consacrés à l'accroissement de la production alimentaire ont eu pour résultat essentiel de gonfler le secteur tertiaire. Dans le delta intérieur du Niger par exemple, les « opérations » lancées pendant les années 1970, riz, pêche, qui a bénéficié de financements de la RFA et du FED, élevage, qui s'est vu attribuer 15 millions de dollars en 1975, ont toutes été de cuisants échecs... mais ont généré la création d'une bureaucratie de 300 fonctionnaires à Mopti.

L'aide extérieure tend à accentuer cette tendance dans la mesure où les financements consacrés à l'agriculture s'orientent essentiellement vers le secteur irrigué qui absorbe dans les pays du CILSS la moitié du montant de l'aide extérieure destinée à l'agriculture. Cela signifie qu'une tonne de culture irriguée reçoit 60 fois plus de financements qu'une tonne de culture pluviale. Celles-ci bénéficient d'environ 4 % de l'aide extérieure totale aux pays sahéliens. En outre, les terres irriguées ayant elles aussi tendance à se dégrader du fait du manque d'entretien des infrastructures et de la salinisation, la moitié de l'aide extérieure consacrée à ce secteur est destinée depuis 1985 à financer la réhabilitation des périmètres stérilisés. Une réorientation des investissements publics et de l'assistance étrangère en faveur de la petite agriculture paysanne, irriguée ou non, c'est-à-dire de l'immense majorité de la paysannerie devrait constituer une priorité.

La réhabilitation de méthodes culturales abandonnées au profit de la monoculture aussi : la pratique des cultures associées et d'un certain nombre d'assolements complémentaires contribuerait à protéger les sols, et à pallier la faible utilisation des engrais par des agriculteurs trop démunis pour pouvoir investir dans l'utilisation d'intrants qui ont vu leur prix augmenter dans plusieurs pays du fait de la diminution ou de la suppression des subventions qui leur étaient accordées.

La diversification des cultures est également ressentie aujourd'hui comme une nécessité, aussi bien pour accroître les revenus des agriculteurs et répondre à l'évolution de la demande urbaine, que pour améliorer l'équilibre nutritionnel de la ration alimentaire, en particulier des femmes et des enfants. Le développement des cultures maraîchères connaît dans ce contexte un succès certain au Sahel.

Le Niger s'oriente ainsi depuis quelques années vers l'intensification des cultures de contre-saison essentiellement consacrées au maraîchage. Le Cap Vert quant à lui, s'il est condamné à demeurer structurellement déficitaire en céréales, tend vers l'autosuffisance en matière de légumineuses et de légumes frais.

• ***Généraliser l'accès à l'eau potable et à l'assainissement.*** Les pays sahéliens sont, on l'a constaté, très en retard dans ce domaine vital aussi bien pour les populations rurales qu'urbaines. Or c'est un préalable à toute amélioration des conditions de vie, en particulier de la survie des enfants et de la diminution du surmenage des femmes. Car celui-ci est également un facteur limitant du progrès agricole.

• ***Améliorer la condition des femmes et des filles.*** Voilà un des secteurs où les quelques efforts entrepris ont été les moins couronnés de succès, en dépit de la volonté officiellement proclamée partout « d'intégrer » les femmes au processus de développement. C'est que de nombreux facteurs entrent ici en jeu. Les femmes, on l'a vu, sont les principales productrices agricoles au Sahel. C'est donc vers elles que doivent être prioritairement dirigées les actions de vulgarisation et de formation susceptibles de leur ouvrir l'accès à des méthodes culturales plus performantes. Cela suppose qu'un effort spécifique d'alphabétisation soit fourni pour leur permettre de bénéficier du minimum de connaissances nécessaires à l'amélioration technologique et à une meilleure gestion des exploitations et de la production. Cela signifie que leur soient ouvertes beaucoup plus largement que cela n'est fait aujourd'hui les portes du crédit, l'accès aux instances de décision dans les structures coopératives, la possibilité d'être nominalement propriétaires ou usufruitières des terres qu'elles cultivent. Or on sait que dans la plupart des pays sahéliens le droit foncier leur est systématiquement défavorable et qu'elles sont lésées en matière d'héritage et de partage des biens en cas de divorce ou de répudiation.

Pour qu'elles soient en mesure d'assumer ces nouvelles tâches, il convient de diminuer leur temps de travail actuel et sa pénibilité. Où prendront-elles sinon le temps d'aller au cours d'alphabétisation ou de formation ou d'occuper des postes de responsabilités dans les coopératives et les organismes de crédit ? On a vu par ailleurs que des femmes moins surmenées donnent naissance à des enfants moins fragiles et accroissent leur chance de connaître une croissance plus équilibrée. Rendre la vie des femmes moins épuisante, c'est d'abord encourager l'espacement des naissances, question encore tabou dans bien des pays où elle heurte à la fois la tradition et les politiques étatiques. Il faudra bien pourtant que l'on s'en préoccupe si l'on veut modifier en profondeur les conditions de vie dans les zones rurales. Plus immédiatement, la diminution de la pénibilité de la transformation artisanale des produits vivriers s'impose comme une priorité, et les expériences déjà conduites montrent à quel point l'introduction de moulins à mil, décortiqueuses à riz, presses à huile, change la vie des femmes et libère un temps précieux qui peut être consacré à d'autres activités ou même, qui y songerait ?, à un repos bien mérité.

Si les choses avancent peu ou pas du tout dans les domaines du droit et de la planification familiale, les plus délicats dans la mesure où toute réforme touche ici à l'organisation même de la société, des efforts commencent à être fournis dans d'autres secteurs touchant à la vie des femmes. La *Mauritanie* a mis ainsi en oeuvre depuis 1988 un projet d'appui aux groupements de femmes et à la production alimentaire dans les quatre régions riveraines du fleuve qui abritent 40 % de la population du pays. Le projet, qui doit concerner quarante villages, prévoit la mise en culture de quarante hectares de maraîchage et de 120 hectares de rizières dont 40 % de la production seront destinés à l'autoconsommation et le reste à la commercialisation. Des moulins à mil doivent être installés dans 32 villages tandis que vingt Centres de promotion féminine (CPF) seront créés, que chaque village aura une femme comme agent de SSP et sera doté d'un puits. Il est prévu que la population bénéficiaire prenne en charge une partie des frais du projet, sous forme d'investissement humain dans une première phase. Un projet similaire est également en cours de réalisation dans les deux régions des Hodhs abritant 22 % de la population du pays, qui touchera vingt localités.

Depuis 1983, le *Burkina* est incontestablement le pays qui a montré la volonté politique la plus déterminée de modifier le statut des femmes dans la société, et elles occupent aujourd'hui des postes à tous les niveaux stratégiques de la vie politique et sociale. L'aide aux femmes rurales s'est également beaucoup développée, aussi bien au niveau de la production que du crédit rural, et de nombreux villages ont pu s'équiper en presses et en moulins gérés par les organisations féminines.

Au *Mali*, le programme d'assistance de l'UNICEF pour la période 1988-1992, met l'accent sur la promotion féminine et, la diminution du taux de mortalité infantile étant en relation directe avec le niveau d'éducation des femmes, elle voudrait parvenir à stopper la baisse du taux de scolarisation des filles dans la bande sahélienne et accroître jusqu'à 30 % le taux d'alphabétisation des femmes et des filles non scolarisées dans les régions où s'exerce sa coopération. Certaines ONG non maliennes ont également pour objectif l'amélioration des conditions de vie des femmes. Ainsi l'association « Adaf-Gallé » fondée en 1988 (gallé signifie en pular « maison de la femme ») veut valoriser le rôle économique des femmes et améliorer leur vie quotidienne et celle de leurs enfants. On lui doit entre autres la fourniture de charrettes aux femmes du village de Kolokani et le projet d'installer des périmètres rizicoles et maraîchers dans deux villages des environs de Bamako. Elle a été dotée d'un fonds de fonctionnement par l'ONG

Canada-Sahel-Solidarité, elle est également soutenue par Band Aid et par la fondation ouest-allemande Friedrich Ebert.

Au *Tchad*, de nombreuses ONG et organisations d'aide multilatérale œuvrent spécialement à la promotion des femmes et ont participé ces dernières années à la construction et à l'équipement de sept centres féminins ruraux, à la dotation de plusieurs villages en moulins à céréales et à la formation continue d'animatrices locales.

Agir dans les villes

Certes, les agglomérations urbaines sont mieux pourvues que les campagnes en infrastructures scolaires, sociales et sanitaires et les citadins y bénéficient des retombées d'une activité économique plus dynamique, particulièrement dans le secteur informel. Mais on a vu que la pauvreté s'y est étendue du fait des conséquences combinées de l'exode rural et de la crise économique. Désormais, les pays sahéliens ont eux aussi leurs « nouveaux pauvres ». Dans la plupart des grandes villes, une part croissante de la population urbaine est au chômage et vit dans des zones suburbaines dépourvues des infrastructures indispensables à la simple survie. Les problèmes d'approvisionnement en eau saine, de l'hygiène et de l'assainissement y sont aussi graves, sinon davantage, qu'à la campagne. S'y ajoutent les problèmes de logement et d'emploi qui, étant donné l'augmentation rapide de la population, paraissent à première vue insurmontables. On a calculé que Niamey, qui est loin d'être la capitale la plus peuplée de la région, aura besoin de 50 000 nouveaux logements d'ici 1991. La diminution des salaires réels depuis le milieu des années 1980 et le sous-emploi généralisé malgré l'explosion du secteur informel a accru le pourcentage de la population urbaine mise dans l'incapacité de satisfaire un certain nombre de besoins élémentaires. À Djibouti, dont la population est aux trois quarts citadine, 30 % des familles vivent avec moins de 40 000 francs djiboutiens par mois, dont les 3/4 sont consacrés au paiement du logement... et à l'achat de khât.

À Addis-Abeba, les trois quarts d'une population qui augmente à un rythme de 5 % par an vivent dans des conditions déplorables (*). À Dakar, où le secteur informel assure plus de la moitié des emplois, plus de 300 000 jeunes de moins de vingt ans vivent dans les bidonvilles de la périphérie, qui se sont multipliés à mesure de l'accroissement des inégalités sociales et de l'accaparement de l'espace urbain et des moyens de logement par les couches les plus aisées. Alors que la population urbaine sénégalaise augmente de 4 % par an, la population péri-urbaine dakaroise s'accroît, elle, au rythme de 10 % par an (**). Au Cap Vert, 40 % des enfants en bas âge vivront dans les villes en 1995 contre 30 % en 1985. Un Mauritanien sur huit vit quant à lui dans la kebba de Nouakchott .

Pratiquement inexistant il y a une vingtaine d'années, le problème des enfants des rues se pose à présent dans toutes les grandes villes sahéliennnes. Enfants et jeunes abandonnés ou préférant l'environnement de la rue à un milieu familial en pleine décomposition, ils vivent de petits métiers précaires ou de menus larcins et ils sont nombreux à sombrer dans la véritable délinquance dès l'adolescence. Sans perspectives d'avenir, sans moyens

---

(*) *Lire le reportage de Dawit Abraham : « Cent mille enfants dans les rues d'Addis-Abéba », page 148.*

(**) *Lire le reportage de Rokhaya Sarr : « Les ordures de Dakar », page 150.*

d'améliorer leur sort, ils sont plusieurs centaines de milliers au Sahel à être prêts pour toutes les aventures. Les organisations spécialisées dans l'aide à l'enfance doivent désormais s'attacher à connaître cette population de plus en plus nombreuse et à mettre en place des canaux de communication avec elle, pour l'heure à peu près inexistants. Il s'avère nécessaire de former à cet effet de véritables médiateurs sociaux, capables d'évaluer les besoins, comme les frustrations et les aspirations de cette adolescence tragiquement laissée à elle-même. Dans ce secteur comme dans tant d'autres, il faut prendre acte avant qu'il ne soit trop tard des mutations sociologiques radicales que sont en train de connaître les sociétés urbaines sahéliennes, pour créer de nouvelles instances de dialogue et de concertation avec des groupes vulnérables aux caractéristiques inédites.

La situation des femmes des bidonvilles n'est pas meilleure. Concentrées, quand elles travaillent à l'extérieur, dans les métiers les moins qualifiés, aussi bien dans le secteur moderne que dans les activités informelles, elles ont de plus en plus souvent charge de famille du fait de l'importance de l'émigration et du délitement des liens familiaux.

Des actions commencent à être entreprises pour améliorer le sort des couches populaires urbaines qui ont été les premières victimes de la crise et plusieurs organisations internationales participent à des actions de réhabilitation, comme la mise sur pied d'un certain nombre de services de base pour les enfants de migrants de Nouakchott localisés principalement dans les zones suburbaines de la capitale, avec pour objet d'améliorer les conditions de vie de 50 000 personnes dont 35 000 sont des enfants et des adolescents de 0 à 15 ans, en organisant un service de SSP destiné à faire diminuer une mortalité infantile estimée à

257 ‰, en créant six centres d'accueil et six centres de loisirs pour les enfants, en encourageant la création d'activités rémunératrices pour les femmes grâce à la mise sur pied de six centres de production et d'une coopérative de commercialisation, d'une formation à la gestion des entreprises familiales, et grâce à l'alphabétisation, en améliorant enfin les infrastructures d'assainissement et l'accès à l'eau. On prévoit également une formation spécifique pour les mères qui assureront la garde des enfants dans les centres. Ces types de projet sont fondés sur la participation active des populations pour pouvoir s'auto-entretenir après une aide extérieure d'une dizaine d'années. L'aide internationale participe également à la réhabilitation des bidonvilles dans plusieurs villes éthiopiennes. Les ONG comme ENDA, basée à Dakar, et les associations d'habitants sont très actives dans ce domaine, ce qui permet de pallier une implication insuffisante des pouvoirs publics (*).

Ceux-ci n'ont pris conscience de l'ampleur des problèmes urbains que récemment et il n'existe pratiquement pas de stratégies d'ensemble et de plans directeurs destinés à intégrer les nouveaux migrants et leurs quartiers spontanés dans un tissu urbain réhabilité. Trop souvent encore, les opérations d'assainissement se limitent à raser les quartiers insalubres, obligeant leurs occupants à s'en aller vers d'autres zones péri-urbaines plus périphériques encore. Dans plusieurs villes toutefois, les autorités ont pris acte de l'existence de tels quartiers, se sont efforcées d'en modifier le statut pour légaliser la situation de leurs habitants et de leur construire un minimum d'installations de voierie. Mais ces efforts n'en sont qu'à leurs débuts et il

(*) *Lire le reportage de Karim Miské : « Mauritanie: les petits éboueurs de Nouakchott », page 156.*

faudra les décupler au cours des prochaines années si l'on veut seulement éviter une dégradation plus grande des conditions de vie en milieu urbain.

Encourager la participation des populations

Que ce soit en ville ou à la campagne, dans les projets productifs ou dans les réalisations sociales, les échecs enregistrés au cours des dernières décennies ont plus d'une fois été le fait d'un manque de confiance dans la capacité d'organisation et d'initiative des populations concernées, d'une structure de décision trop pyramidale et d'une excessive bureaucratisation des moyens d'action. On a fini par s'apercevoir que si les bénéficiaires supposés des actions de développement ne percevaient pas l'impact positif qu'elles étaient censées avoir, s'ils n'étaient pas associés à leur élaboration, et formés pour les prendre en charge et en assurer le suivi, elles avaient toutes les chances de s'éteindre de leur belle mort une fois achevée la durée du « projet ».

C'est ainsi que la mobilisation sociale et la participation des populations a été progressivement considérée comme une condition *sine qua non* des progrès à réaliser, au même titre que l'élimination des pesanteurs bureaucratiques et que la lutte contre la centralisation excessive des sources d'autorité. L'émergence et le développement d'un mouvement associatif très dynamique dans nombre de pays sahéliens, l'organisation de mouvements coopératifs qui n'émanent plus de l'administration mais des paysans eux-mêmes, montrent que depuis quelques années le monde rural entend de plus en plus participer à la construction de son propre avenir et se donner les moyens de se faire entendre. Les autorités nationales comme l'aide extérieure ont tout à gagner à encourager et à accompagner de tels mouvements en leur donnant les moyens logistiques, financiers, en matière de formation, de s'organiser et d'être des relais efficaces de l'innovation et de l'évolution des modes de production paysans.

La participation financière et humaine des communautés à leur mieux-être est également considérée comme un élément de sécurisation des actions sociales, dans la mesure où la création d'une mentalité d'assisté, qui a souvent été le résultat d'un certain type d'aide, doit céder la place à une responsabilisation et à une implication directe des populations à une amélioration de leur existence, à partir du moment où elles sont convaincues du bien fondé des transformations qu'on leur propose. Ici cependant, la voie est étroite et, devant les contraintes imposées par les politiques d'ajustement, certains Etats ont hâtivement transformé en dogme l'idée de faire payer par les populations tout ou partie des coûts des services sociaux. On a vu que de telles initiatives, là où elles ont été prises sans précaution et sans tenir compte du contexte socio-économique, ont fait chuter le taux déjà bien bas de fréquentation scolaire et ont éloigné les usagers des centres de santé, donnant un regain de popularité à la médecine traditionnelle. Il existe en effet une différence de taille entre la nécessité de faire participer les populations, même à un niveau symbolique au regard du coût réel des actions, et la tentative de faire porter aux groupes démunis le poids de l'ajustement. C'est un chef d'Etat latino-américain qui opposait récemment à l'endettement extérieur de son pays la « dette sociale » qu'avaient les gouvernements de la région vis-à-vis de leurs peuples. La formule pourrait tout aussi bien s'appliquer aux pays sahéliens.

Jusqu'à présent, la notion de participation a trop souvent été limitée à son aspect financier ou à l'apport de force de travail. Elle devrait également s'entendre à un niveau plus élevé. Il est certain que la promotion des femmes par exemple passe par leur entrée en nombre dans les instances de décision, depuis les conseils de village ou les conseils municipaux jusqu'aux parlements où elles sont notoirement sous-représentées. Une meilleure représentativité des différents groupes de population à l'intérieur des structures de pouvoir est, à l'évidence, une garantie que l'on tiendra mieux compte de leurs besoins. Mais il est vrai que, dans ce domaine, le Sahel partage ses carences avec la majeure partie des nations du monde...

Rendre aux politiques sociales et sanitaires une place prioritaire.

Trop souvent, les départements de l'éducation, de la santé, des secteurs sociaux sont les laissés pour compte des choix budgétaires des États. Trop souvent, au nom de la rentabilité, on oublie que le maintien en l'état d'une population massivement sous-alimentée, anémiée, affaiblie par des maladies endémiques va à l'encontre des principes les plus élémentaires de l'efficacité économique et de la rentabilité du travail. Si l'éducation bénéficie en général d'allocations budgétaires à peu près équivalentes à celles accordées à la défense, tel n'est le cas ni de la santé, ni des infrastructures collectives. Seuls parmi les pays pour lesquels des statistiques sont disponibles, la Guinée Bissau alloue 17 % de ses dépenses budgétaires aux services de l'habitat, des équipements collectifs et de l'aide sociale, et le Sénégal près de 10 %. Ailleurs, les pourcentages varient de 1 % au Soudan à 3,8 % au Niger. C'est peu.

C'est d'autant plus insuffisant que les carences nationales ne sont guère palliées par l'aide extérieure qui, aux quelques exceptions des organisations spécialisées comme l'OMS et l'UNICEF, n'ont pas fait des secteurs sociaux leurs priorités financières. À titre d'exemple, les financements cumulés pour l'Afrique de l'IDA, filiale de la Banque mondiale, dont les crédits sont destinés aux pays les plus pauvres du continent, c'est-à-dire à la quasi totalité des pays sahéliens, se dirigent à concurrence de 3 % vers l'alimentation en eau et l'assainissement, à 2,1 % vers la santé, la nutrition et la planification familiale. De façon générale, la proportion de l'aide totale des pays industrialisés occidentaux consacrée à la santé et à l'éducation a diminué depuis dix ans : en 1979, 7,5 % de leur assistance allait à la santé, à la nutrition et à la planification familiale et 17 % à l'éducation; en 1987, les pourcentages respectifs étaient de 5 et 10,5 %. Les priorités des États et de leurs bailleurs de fonds ne doivent donc plus seulement évoluer au niveau des déclarations d'intention mais dans les faits, et la détresse actuelle des groupes vulnérables sahéliens milite en faveur de la définition d'objectifs clairs et de l'affirmation d'une volonté politique au plus haut niveau en matière d'amélioration de la condition féminine, d'espacement des naissances, de généralisation de l'enseignement, y compris aux filles, de démocratisation de l'accès aux soins de santé.

À l'intérieur même des systèmes de santé, il n'est plus possible comme on l'a fait jusqu'à présent de privilégier la création ou le renforcement de structures hospitalières lourdes en milieu urbain, forcément réservées à des minorités, tandis que l'immense masse de la population demeure dépourvue de l'essentiel. On a calculé pour certains pays que la mise en place d'un PEV aux structures solides et au suivi assuré, permettant de réduire substantiellement la prévalence des principales maladies infantiles et de porter le taux d'immunisation aux environs de 80 %, objectif inscrit dans les politiques sanitaires de tous les États sahéliens, sauvant donc des centaines de milliers de vies d'enfants, demande environ le même financement que la construction d'un hôpital dans la capitale. Alors, sans méconnaître la nécessité de disposer à terme d'installations hospitalières correctement équipées, il faut choisir dans un premier temps en fonction des disponibilités et des besoins de la majorité. À tous les niveaux, la prévention doit être systématiquement privilégiée. Les systèmes sanitaires sahéliens doivent s'articuler autour de quelques piliers désormais bien identifiés : SSP, PEV dont on gagnera à améliorer le suivi, SMI, TRO, c'est-à-dire un ensemble de soins relativement simples, même si leur logistique demande des moyens qui jusqu'à présent n'ont pas été mis à leur disposition.

Une meilleure efficacité de la prévention dépend bien sûr, on a eu plus d'une fois l'occasion d'en faire la remarque, d'une amélioration générale de l'alimentation, de l'environnement, de l'hygiène, etc., c'est-à-dire d'une élévation du niveau de vie. Mais il convient, sans attendre ces progrès qui tardent à se faire sentir, d'agir plus méthodiquement qu'on ne l'a fait jusqu'ici pour améliorer la nutrition des groupes vulnérables.

L'aide internationale a sur ce chapitre un rôle important à jouer en redéfinissant les buts et les modalités de distribution d'une aide alimentaire qui a trop souvent été octroyée sans tenir compte ni des besoins réels, ni de l'impact négatif qu'elle pouvait avoir.

C'est dire l'importance, pour assurer le succès de la médecine préventive et pour améliorer la situation nutritionnelle, d'une bonne information des populations par tous les moyens disponibles, depuis la radio jusqu'aux griots, d'une formation adéquate des personnels de santé de base y compris le recyclage des praticiens traditionnels comme les matrones, d'une éducation sanitaire et nutritionnelle dans toutes les structures d'enseignement, scolaires ou non. Il n'est pas suffisant en effet, même si c'est nécessaire, de dispenser une formation spécifique dans ce domaine et circonscrite dans le temps, à la faveur d'une campagne d'alphabétisation ou d'un séjour dans un centre de PMI. L'éducation à l'hygiène, à la santé et à la nutrition gagnerait à être généralisée à l'école et dans les programmes de formation et de vulgarisation agricoles par exemple, qui touchent une part de plus en plus importante de la population rurale.

Introduire ces nouvelles priorités dans les faits implique une révision radicale d'un certain nombre de stratégies économiques, sociales, sanitaires menées jusqu'à présent et c'est au États sahéliens eux-mêmes de conduire les changements correspondant à une redéfinition de leur politique en fonction des besoins du plus grand nombre. L'état de leur finances et de leur économie fait toutefois qu'ils auront besoin pendant longtemps encore d'une aide extérieure, déjà importante mais considérée comme insuffisante. Le poids de cette assistance sur les budgets nationaux et même sur la définition des politiques de développement pourrait en faire un instrument très efficace d'appui aux nouvelles politiques sociales et de santé. A-t-elle joué ce rôle jusqu'à présent ?

BURKINA : DES DIGUETTES CONTRE L'ÉROSION

par Alfred SAWADOGO

Cette technique culturale consiste à aménager sur les champs de culture – ou en jachère – des murettes de 20 à 35 centimètres de haut, sans liant entre les pierres et selon des courbes de niveau.

Après une phase expérimentale (1982-1983), cette technique est aujourd'hui diffusée à grande échelle par toutes les structures d'encadrement, organismes publics et ONG. Les résultats obtenus dépassent tout ce que la recherche agronomique avait pu mettre au point jusque là. Deux ou trois campagnes agricoles successives ayant accusé un accroissement considérable des récoltes par rapport à celles obtenues avant l'aménagement des sites ont conféré à cette technique son caractère tout à fait révolutionnaire et emporté l'adhésion des paysans malgré les dures contraintes qui conditionnent sa réalisation.

Au Burkina Faso, comme dans la plupart des pays sahéliens, les sols sont pauvres, peu profonds, lessivés par le ruissellement des eaux de pluie qui tombent souvent avec une violence inouïe et arrachent des pans entiers de terre arable. Ces sols sont en outre balayés et dénudés par les vents et ne laissent plus, par endroits, que la rocaille. À cette érosion naturelle s'ajoute l'action de l'homme : les cultures sur les pentes, sans précaution, accélèrent la perte de la terre arable, la désertification avance inexorablement.

Ces sols, rendus de plus en plus médiocres, ont un rendement très bas : à peine 400 à 500 kilogrammes de mil ou de sorgho à l'hectare ! Qu'il y ait la moindre sécheresse (une dizaine de jours) et l'on frise la catastrophe. Les diguettes anti-érosives peuvent apporter de profonds correctifs à cette dégradation . Ces murettes de pierres barrent la route à l'eau, l'étalent sur toute la surface du sol, ralentissent les ruissellements et favorisent la pénétration de l'eau dans le sol, dont la capacité de rétention se trouve largement accrue. Les plants de céréales, au système racinaire fasciculé de faible profondeur, bénéficient ainsi d'un sol pouvant rester humide jusqu'à dix jours après une pluie. En outre, les particules de terre arrachées sont retenues le long des murettes, comme sont retenus les débris organiques, tiges, feuilles, qui confèrent à cette bande de terre une qualité exceptionnelle. Céréales et arbres y poussent alors plus généreusement.

Enfin, les murettes favorisant la conservation de l'humidité, l'arrêt précoce des pluies n'est plus dramatique.

LE CAS DE KUOMBRI,
OU L'HISTOIRE DE 350 HA AMÉNAGÉS

Kuombri, localité située à 230 kilomètres de la capitale, vivait dans l'éternel et infernal retour de la sécheresse. L'association des Groupements Naams a décidé d'y tenter une expérience de conservation des eaux et du sol. Un paysan, pourtant âgé de soixante ans, s'offrit comme pionnier. Il passa avec l'association le contrat suivant : il se chargeait, avec les membres de sa famille, de réunir les cailloux nécessaires à la construction des diguettes ; l'association, elle, lui donnait la formation technique nécessaire. Le fils du paysan apprit donc l'usage du niveau à eau grâce auquel les courbes de niveau sont tracées, les cailloux étant ensuite disposés sur ces lignes respectant la topographie du terrain.

Les diguettes furent installées et l'on sema. La levée fut si remarquable que, déjà à ce stade, des visites de paysans furent organisées pour constater de visu les effets de cette méthode dont le bouche à oreille répandait la rumeur élogieuse.

La récolte fut un véritable succès. C'était en 1984. Du coup, le village décida d'entreprendre un aménagement collectif de diguettes.

Une telle entreprise se mène sur plusieurs étapes. Il n'est pas inintéressant de les décrire un peu.

LA FORMATION DES ANIMATEURS LOCAUX

Ils doivent maîtriser parfaitement l'usage du niveau à eau, constitué d'un tuyau de 15 à 20 mètres de long, terminé à chaque extrêmité par un bâton gradué pour repérer le niveau de l'eau. Un simple niveau de maçon peut faire l'affaire : on le place sur une planche d'environ six mètres de long que l'on transporte en surveillant la bulle d'air. Cette formation a lieu aux champs, elle exige que les deux porteurs du niveau sachent lire les chiffres gradués sur les bâtons. Opération qui réjouit les enfants : ils peuvent ainsi donner la preuve à leurs parents qu'ils savent bien lire et c'est avec enthousiasme qu'ils se chargent de cette tâche. On les voit, écoliers et anciens écoliers, se bousculer autour des niveaux à eau, soit pour matérialiser les courbes de niveau, soit pour donner des leçons de lecture de chiffres (de 1 à 6) à leurs aînés qui n'ont pas eu la chance d'aller à l'école. Pour que l'usage des outils soit débarrassé de tout mystère, il a été également nécessaire de procéder à une alphabétisation fonctionnelle en mooré, la langue du terroir.

Et comme la meilleure pédagogie reste d'apprendre en faisant, en dix jours, une vingtaine de jeunes paysans maniaient correctement les niveaux à eau.

L'ÉQUIPEMENT DES VILLAGEOIS EN OUTILS DE CHANTIER

La construction des sites anti-érosifs requiert un outillage de terrassier très léger : pioches, pelles, barres à mine, burins , marteaux. En haut des collines, il faut déterrer les gros blocs de latérite, les casser en pierres pouvant être portées sur la tête. Cela nécessite un équipement qui n'est pas disponible au village. Les Groupements Naams le fournissent à l'ensemble de la communauté et il demeure un bien collectif.

LE CHANTIER

Trois jours par semaine, l'ensemble de la population se donne rendez-vous aux champs. C'est un spectacle étonnant. On assiste à une étrange procession de femmes, d'hommes et d'enfants descendant d'une colline, des pierres rouges sur la tête. Sous le soleil de plomb, ils montrent au travail un enthousiasme de fête. La sueur coule sur les fronts. Les hommes les plus vigoureux s'acharnent à casser les gros blocs de pierre. Les autres, femmes et enfants, transportent les cailloux débités jusqu'au lieu où les murettes se construisent. Les femmes, toujours les plus nombreuses, que la spécialisation traditionnelle des tâches a confinées aux travaux de portage, accomplissent une très grande part de cette oeuvre. Portant sur le visage et sur leur torse nu les stigmates d'une alimentation insuffisante, le bébé au dos, les femmes du Sahel relèvent le défi d'une nature hostile en restaurant des terres sans pourtant espérer en être les propriétaires, car traditionnellement encore elles n'accèdent pas à la propriété foncière.

Sur un tel chantier personne n'est en reste. les vieillards taillent des manches pour outiller les pioches et remplacer sans perdre de temps ceux qui se brisent fréquemment. Les femmes âgées et les fillettes, trop faibles pour grimper les collines, assurent le gardiennage des petits enfants. Les garçons les plus hardis, que l'ardeur du soleil n'ébranle pas, rivalisent avec les hommes dans le travail et se faufilent entre les colonnes des porteurs, chacun son caillou sur la tête. Après avoir laissé choir leur fardeau, ils se trémoussent au rythme des tams-tams chargés d'insuffler le courage au travail. Ces danseurs improvisés, aux pas maladroits, finissent toujours par arracher des rires et alors la rude besogne devient une sorte de récréation sociale.

Le soir, quand le travail est fini, de longs serpents rouge sombre se sont déroulés, monstres étranges qui se sont accouplés à la terre pour la féconder. En 1985, 350 hectares furent ainsi aménagés à Koumbri et l'opération se poursuit au niveau individuel, signe d'un engagement profond pour la reconquête d'une terre qui semblait à jamais perdue.

Résumons donc. Un chef de famille qui s'engage à l'aménagement de diguettes dans ses champs s'organise presque toujours de la manière suivante :

– Il doit disposer d'au moins une charrette tirée par un âne.

– Il doit assurer la formation de deux de ses fils au maniement du niveau à eau. C'est parmi les plus jeunes (moins de quinze ans) que les futurs « topographes » seront choisis.

– Procéder au rassemblage des pierres. Cette tâche, la plus importante et la plus harassante, revient en grande partie aux enfants. Ils ramassent les cailloux, les rassemblent en tas et, à l'aide de la charrette, les transportent au champ sur des distances souvent importantes.

Si, dans une famille, tous les enfants sont écoliers, seuls les jeudis et les dimanches sont consacrés au ramassage des pierres. Quand ils ont fait des moissons suffisantes de pierres commence la matérialisation des courbes de niveau. Ils sont alors au four et au moulin, les uns maniant le niveau à eau, les autres rangeant les cailloux sur les courbes. Cette tâche s'accomplit avec les autres membres de la famille, mais les véritables leaders de l'action sont incontestablement les enfants. ■

BURKINA :

MOBILISATION DES ENFANTS POUR LES FOYERS AMÉLIORÉS

par Ferdinand DABIRÉ

La cuisine se fait traditionnellement sur un feu dit « trois pierres » : trois pierres posées en triangle sur le sol, entre lesquelles des branches de bois sont glissées et allumées. Le rendement énergétique de cette technique est très faible (5 %).

Différents modèles de « foyers améliorés » permettent d'accroître ce rendement. Le plus connu au Sénégal est le « Ban Ak Suuf » construit avec de l'argile et du sable. Les foyers en métal sont plus répandus au Niger et ceux en céramique au Kenya. Ils permettent, quand ils sont bien construits et convenablement utilisés, une économie de bois de chauffe de près de 30 %. Ils restent cependant assez peu diffusés. Parce qu'ils présentent sans doute certains désavantages aux yeux des consommatrices ?

Sans doute. Certains foyers (fixés au sol) sont malcommodes à utiliser. D'autres sont d'un coût excessif (3 000 à 10 000 F quand le revenu paysan est de 20 ou 40 000 F). Mais ils souffrent surtout d'une promotion insuffisante. À Ouagadougou, au Burkina, des écoliers ont été chargés de cette tâche.

L'expérience burkinabè a été de courte durée mais elle donne un exemple du rôle que l'école pourrait jouer dans la protection de l'environnement. De novembre 1985 à début février 1986, 6 000 enfants burkinabé ont été mobilisés pour mener une vaste opération de fabrication et de diffusion des foyers améliorés.

Opération appelée « *Un enfant, un foyer amélioré pour sa mère à l'occasion du Nouvel An* », la collaboration de trois ministères fut requise : l'Essor familial, la Solidarité nationale et l'Éducation nationale, l'Environnement et leTourisme. Le but était de sensibiliser tant les enfants que leurs parents à la question de la protection de l'environnement en commençant par s'attaquer à l'usage immodéré du bois de chauffe.

Les enfants eurent de longues vacances, mais à leur terme, 30 000 foyers améliorés avaient été construits et distribués dans la capitale du Burkina.

Aujourd'hui encore ces écoliers gardent un excellent souvenir de cette campagne : « *Nous allions en groupe en brousse pour chercher de la paille et de l'argile et nous avions appris à fabriquer des foyers améliorés. On en trouve des tout faits en ville, mais ils coûtent entre 1 000 et 1 500 F CFA* ».

Du côté des ministères impliqués, on estime que l'objectif a été atteint : l'opération a été bien accueillie, les ménagères ont tout de suite vu quelles économies les foyers améliorés leur permettaient de faire. « *Mon garçon de 11 ans m'a apporté deux foyers améliorés à la maison,* déclare une mère de famille, *et depuis je réalise une économie de 30 % par jour pour la cuisson des repas et l'eau chaude de la toilette.*»

Depuis, ces enfants sont retournés à l'école. Ils n'ont pourtant pas perdu le tour de main et la plupart d'entre eux sont encore capables de construire ou de réparer un foyer, quand il a été endommagé par les pluies torrentielles de l'hivernage. ■

CENT MILLE ENFANTS DANS LES RUES D'ADDIS-ABEBA

par Dawit ABRAHAM

En 1986 il y avait à Addis-Abeba, capitale de l'Éthiopie, presque 50 000 enfants sans famille, sans abri, travaillant et vivant dans la rue. Aujourd'hui, leur nombre a au moins doublé. Ils seraient donc plus de 100 000 dans la capitale, plus tous ceux qui ont échoué dans l'une des quatre autres grandes villes que compte le pays.

Avec l'exode rural, les familles éclatent. Les parents, venus s'entasser dans les bidonvilles, au chômage, abandonnent leurs enfants. Les populations ont fui le nord du pays, non seulement pour des raisons économiques, mais aussi politiques : ils ont fui la guerre larvée en Erythrée, dans le Tigré et le Wollo, pour se réfugier dans les villes, moins dangereuses. Ce sont surtout les jeunes qui sont partis. Ils sont arrivés dans les villes qui n'ont pas la capacité pour absorber cet énorme et constant exode. Pour ces émigrés il n'y a ni écoles, ni hôpitaux, ni maisons. Pour eux, ce sont les bidonvilles d'Addis-Abeba (ou d'ailleurs). Quatre ou cinq familles s'entassent sous un seul toit. Dans le meilleur des cas, il y a un seul point d'eau à l'extérieur, le plus souvent pas d'eau potable et pas de toilettes, sinon improvisées, un trou dans le sol, protégé des regards par un morceau de tôle ondulée. Les ordures s'amoncellent contre les maisons et quand vient la saison des pluies, l'eau draîne et répand tous les miasmes. Dans la capitale, le service de ramassage est totalement dépassé.

Souvent, dans ces familles, le père a disparu ; la mère, totalement démunie, charge un des enfants d'assurer la survie de tous. D'autres enfants sont abandonnés par une mère prostituée qui ne savait que faire d'eux. D'autres encore ont fini dans la rue, ne sachant plus où étaient ni père ni mère. De quoi vivent-ils ? De tous les petits boulots qui sont désormais répertoriés. Ils cirent les chaussures, lavent les voitures, vendent bonbons et cigarettes devant les cafétérias, les cinémas, à la porte des night-clubs. Ils gagnent en général moins d'un dollar US par jour. Certains - surtout les filles - se mettent en commun pour ouvrir un petit commerce de rue, quelques planches sur lesquelles elles déballent leur pauvre marchandise : cacahouètes, bonbons et des « kolos », haricots que ceux qui ne peuvent se payer un repas mangent pour quelques sous.

Ces enfants ont investi certains quartiers et défendent leur territoire. Les plus âgés protègent les plus jeunes du racket et ils s'entr'aident, font caisse commune ; dans le groupe l'argent est réparti indépendamment des gains. Comme beaucoup d'autres Éthiopiens, leur hantise est la faim. Ils vont à la porte des restaurants, des hôtels, attendre qu'on leur donne les reliefs des repas ou qu'on sorte les poubelles. Puis ils s'endorment sous un porche, sous un arbre, sous leur étalage, se couvrant de papier journal pour se défendre du froid et protéger leurs vêtements qui sont tout ce qu'ils possèdent.

Autant que possible, les filles évitent de dormir dehors. Elles vont chez ce qui leur reste de famille, ou s'en vont, au crépuscule, à la recherche de gens assez charitables pour les héberger dans un coin, jusqu'au matin, où elles retournent à la rue.

Parfois, on voit ces enfants shootant dans une boule de vieux chiffons qui ne rebondit pas. Ils jouent au foot. Il leur arrive même, les jours fastes, de louer des bicyclettes, pour un quart d'heure et de faire un tour. Leur visage exprime alors toute l'excitation de l'enfant qui s'amuse.

En Éthiopie, depuis 1974, on s'est intéressé à leur problème, publiant régulièrement études, reportages, etc., afin d'alerter l'opinion et pour tenter, évidemment, d'endiguer le phénomène. Le ministère du Travail et des Affaires sociales, ainsi que différentes organisations ont lancé des programmes. Ainsi l'ONG « Swedish Save The Children » a créé avec le gouvernement des unités mobiles chargées d'évaluer de quoi souffrent ces enfants et d'intervenir en leur donnant, notamment, un minimum de couverture sanitaire. Cette action concerne 900 enfants. Un centre de placement a été ouvert dans les environs d'Addis-Abeba. Quatre cent cinquante enfants y résident actuellement. Un autre a été ouvert plus récemment, à Addis-Abeba cette fois. Cent vingt enfants viennent y dormir. On leur donne un repas le soir. Des moniteurs sont chargés de leur donner un minimum d'alphabétisation et de formation.

L'ONG « Norwegian Save The Children » essaie, quant à elle, de reconstituer les familles, puisque ce n'est souvent que l'extrême pauvreté qui a contraint les parents à pousser les enfants dans la rue.

Il y en a bien d'autres. De tous côtés, on essaie des approches différentes de ce dramatique problème. Et comme il y a de plus en plus d'organisations avec des méthodes différentes qui veulent s'occuper de ces milliers d'enfants, il va devenir nécessaire de coordonner leurs efforts et leur action. ■

SÉNÉGAL :

LES ORDURES DE DAKAR

par Rokhaya SARR

Un enfant fait ses besoins au milieu de la chaussée défoncée. Une femme verse des eaux usées sur le pas de sa porte, elle bavarde avec une autre, qui lave son linge. Un peu plus loin, un homme urine sous une fenêtre. Scène quotidienne de la vie à Reubeusse, un quartier populaire de Dakar. La rue y aligne des maisons sous-équipées, surpeuplées. La vie intime s'y déploie au grand jour et, tard dans la nuit, la rue grouille encore d'activités insolites ou anodines, on continue à y jeter tous les détritus.

À Reubeusse, comme à la Médina, Grand Dakar, Usine, Niaye Thioker, le service d'hygiène lutte en vain pour faire disparaître les dépôts d'ordures sauvages qui s'amoncellent un peu partout. Des panneaux ont été posés : « *Dépôt d'ordures interdit* », auxquels font écho les inscriptions de la population sur les murs : « *Rendons notre quartier propre* », « *Défense d'uriner* ». En vain.

La capitale du Sénégal figure au tableau des villes les plus sales du monde. Triste record qu'il est facile de vérifier. Il suffit de faire une promenade à pied. Il faut enjamber les flaques d'eau nauséabonde, contourner les tas d'immondices, éviter de glisser sur les crachats, esquiver la trajectoire des ordures ménagères qu'on jette à la rue.

Les habitants accusent l'État, la commune, les services de voierie. « *C'est de la faute des dirigeants,* me dit un étudiant vivant à la Médian. *Ils doivent nous aider à assainir nos quartiers. Et là vous ne voyez pas le pire, parce que c'est la saison sèche. Revenez donc à la saison des pluies. On patauge dans l'eau jusqu'aux chevilles. C'est une inondation permanente. Il y a des endroits où les habitants ont fini par se cotiser et acheter des camions de sable pour combler la chaussée* ».

Même plainte de la part d'une femme : « *La SIAS (Société industrielle d'aménagement urbain du Sénégal) nous laisse des jours sans enlever les ordures. Et on nous accuse d'être sales !* ».

Du côté des autorités, la responsabilité incombe aux populations, « *totalement indisciplinées* », me dit un cadre de la SIAS. Accusation identique au Service d'hygiène : « *La population foule aux pieds les règles de l'hygiène la plus élémentaire* ».

Tous les jours, la SIAS collecte 800 tonnes d'ordures, elle a un budget de 2 milliards F CFA par an pour assurer la propreté de la capitale. Ce n'est visiblement pas suffisant, en tout cas, pas efficace. Mais le problème de l'hygiène ne se pose pas de façon unique et identique dans tout Dakar. Autant la saleté est frappante dans le quartier populaire, autant les zones résidentielles sont propres. Quant aux quartiers où vivent les couches moyennes de la population - les SICAP, les HLM - immenses et relativement récents, les jeunes y organisent périodiquement des opérations de nettoyage. À la SICAP Fann-Hock, par exemple, l'Association sportive et culturelle a pris en charge « *la propreté et l'embellissement du quartier* » depuis le mois de septembre 1998. Des jeunes de 10 à 30 ans nettoient régulièrement les rues de fond en comble, entretiennent les massifs de fleurs, taillent les arbres. L'argent nécessaire à l'achat d'un peu de matériel a été collecté auprès des habitants. Cela ne fait que quelques mois et déjà l'amélioration est frappante. Les rues sont propres, le quartier est embelli.

Mais Dakar souffre d'un autre problème. À cause de la concentration de la quasi-totalité des usines dans cette région, la capitale du Sénégal est une ville terriblement polluée, la plus polluée du pays. C'est la raison pour laquelle, selon les médecins, trois Dakarois sur cinq sont enrhumés de façon chronique. Maladie qui vient souvent se superposer à d'autres qui ont toutes pour origine le manque d'hygiène, comme la tuberculose, la fièvre typhoïde, ou le choléra. ■

MAURITANIE

LES PETITS ÉBOUEURS DE NOUAKCHOTT

par Karim MISKÉ

Mokhtar et Saïd ont treize et onze ans. Mokhtar va à l'école coranique et Saïd est au CM2. Ils habitent tous les deux à la « Kebba » du sixième arrondissement, l'un des nombreux bidonvilles de Nouakchott (en Hassanya, principale langue du pays, Kebba signifie poubelle...). Durant leurs vacances, ils utilisent la charrette du père de Saïd pour aller en ville ramasser les ordures des citadins qui n'ont pas le courage ou l'envie de les transporter jusqu'à la benne. Ils proposent chaque jour leurs services aux mêmes clients dans l'un des plus vieux quartiers de la jeune capitale Mauritanienne (1).

Les déchets leur sont confiés dans toutes sortes de récipients : il peut s'agir d'une vieille cuvette qui a depuis longtemps perdu son émail, mais que les enfants devront ramener à sa propriétaire avant de percevoir leur dû. Cela peut aussi être un sac informe plus grand qu'eux et tellement lourd que Mokhtar et Saïd devront unir leurs forces pour arriver à le vider. Ils se font payer 10 à 20 ouguiya par paquet d'ordures, selon le poids (2). Chaque jour ils gagnent entre 250 et 300 ouguiya. Cette recette, ils la par-

---

(1) : Nouakchott a été créée deux ans avant l'indépendance de la Mauritanie, en 1960.

1) : Un ouguiya = huit à dix centimes.

tagent entre eux, ou plus exactement entre leurs deux familles, car, sauf exception, les enfants qui travaillent à Nouakchott le font dans le but d'améliorer l'ordinaire familial, voire pour permettre à leurs parents - qui n'ont pas d'autres ressources - d'acheter de quoi préparer le(s) repas quotidien(s).

C'est le cas de Saïd, dont le père, trop vieux pour travailler, a pour revenus ceux que son fils lui procure et pour seul bien la charrette avec laquelle Saïd transporte les ordures en dehors des heures de classe.

Ahmed et Mohammed travaillent aussi dans les ordures, mais leur démarche est inverse de celle de Mokhtar et Saïd : ils récupèrent une partie des déchets que ces derniers, ou leurs confrères ont jetés. Pour faire ce travail, il faut avoir un sacré coup d'œil : Ahmed et Mohammed ne récupèrent que les canettes en aluminium qu'un novice confondrait aisément avec de vulgaires canettes en fer. Tôt le matin, ils se rendent dans les quartiers riches, là où les étrangers sont nombreux. C'est le meilleur endroit pour récupérer boîtes de bières et de jus de fruits importés. Ils descendent, pieds nus ou en sandales, au fond des grandes bennes à ordures orange que l'on rencontre en bordure de tous les quartiers de Nouakchott. Puis, ils en émergent, le plus souvent avec un maigre butin : une, deux ou trois canettes, au maximum. Quand ils estiment que leur récolte est suffisante, ils traversent la ville pour aller vendre leur butin à Mor Kassé, un artisan récupérateur sénégalais. Selon les besoins du moment, celui-ci leur achètera le kilo entre 30 et 60 ouguiya.

Mor Kassé fait d'abord fondre les canettes qu'il vient d'acheter. Il coule ensuite l'aluminium liquide dans des moules en sable. Il ne reste plus alors qu'à casser le moule pour obtenir une marmite en aluminium flambant neuf. En fait, le travail de Mor Kassé consiste surtout à attiser le feu à l'aide d'un étonnant soufflet à pédales et à surveiller le travail de ses apprentis. Car, comme la plupart des petits patrons à Nouakchott, il fait travailler plusieurs apprentis âgés de huit à dix-huit ou dix-neuf ans. Certains d'entre eux restent donc en « formation » durant une bonne dizaine d'années. La règle communément admise veut que ces enfants ne soient pas payés et que leur apprentissage dure très longtemps - beaucoup plus que nécessaire, évidemment.

Au début, les apprentis liment les bords des marmites et scient le pied supplémentaire de la marmite qui correspond au trou de collage du moule. Au bout de quelques années de ce travail pénible, ils apprennent à confectionner les moules en sable. C'est une technique très délicate, qui exige de posséder un tour de main particulier. Mais enfin, tant d'années d'apprentissage ne sont pas nécessaires pour l'acquérir.

Pourtant, même si le temps leur paraît long, ces enfants et ces adolescents se disent satisfaits d'apprendre un métier. Et leur désir est de devenir patron à leur tour. C'est également l'aspiration de leurs parents qui, en les plaçant là, ont fait un investissement à long terme. ■

Chapitre II

Quelle aide extérieure et pour quels secteurs ?

On a rencontré plusieurs fois l'assistance extérieure au cours des pages qui précèdent, bilatérale ou multilatérale, et on a pu noter que les Sahéliens figurent au nombre des peuples les plus aidés du monde. Tous les bailleurs de fonds traditionnels sont présents dans la zone sahélienne, leur importance respective ayant évolué en fonction des priorités du moment et des alliances politiques nouées par les régimes successifs de certains pays. Au niveau bilatéral, le poids de la France est déterminant dans le Sahel occidental et à Djibouti. Si les pays francophones ont diversifié leurs relations internationales et leurs sources de financements, leurs liens avec l'ancienne métropole sont demeurés très étroits sur les plans commercial, économique, culturel, politique et militaire, et Paris est aujourd'hui le premier donateur bilatéral à l'Afrique subsaharienne, concentrant son aide multiforme sur les États de son ancien empire. En trente ans toutefois et à la faveur de la construction européenne, l'ensemble des pays de la CEE sont devenus des bailleurs de fonds importants des pays du Sahel, certains ayant développé depuis longtemps une coopération bilatérale comme la RFA, d'autres comme l'Italie s'étant intéressés à cette zone plus récemment mais avec la volonté de rattraper le temps perdu. L'assistance européenne s'exerce donc par le biais d'une coopération bilatérale qui n'a cessé de s'intensifier, et par le biais de la CEE elle-même. Celle-ci possède son propre fonds de coopération alimenté par les États membres, le Fonds européen de développement (FED) et elle est liée aux États sahéliens qui, tous signataires des accords de Lomé, font partie des ACP.

Si, par leur statut de premier donateur mondial, les Etats-Unis sont présents partout, leur assistance se dirige surtout vers le Soudan, l'Éthiopie jusqu'au changement de régime en 1974, la Somalie et également le Tchad depuis quelques années. Le Japon, nouveau poids lourd du développement, est lui aussi de plus en plus présent dans la zone sahélienne. Il ne faut pas oublier non plus le poids non négligeable de l'aide proche-orientale : quatre pays sahéliens (Mauritanie, Soudan, Somalie, Djibouti) font partie de la Ligue arabe et tous, à l'exception du Cap Vert et de l'Éthiopie, de l'Organisation de la conférence islamique (OCI). Ils bénéficient de ce fait d'une assistance financière, surtout de la part des monarchies pétrolières du Golfe en matière d'aide bilatérale et d'institutions financières multilatérales comme la BADEA (Banque arabe pour le développement économique de l'Afrique) ou la Banque islamique de développement. L'aide de l'URSS enfin et de certains pays de l'ex-bloc socialiste comme la RDA et la Tchécoslovaquie a joué un rôle non négligeable dans des pays comme l'Éthiopie et la Somalie.

À l'aide bilatérale ou dispensée par des organisations régionales comme la CEE, vient s'ajouter l'aide multilatérale dont l'importance et le nombre des intervenants n'a cessé d'augmenter au cours des dernières années. Le système des Nations Unies, qui comprend les Fonds comme le

PNUD, l'UNICEF, le FNUE ou le FNUAP et l'ensemble des Agences spécialisées comme l'OMS, l'UNESCO ou la FAO, est présent dans la région sahélienne depuis l'aube des indépendances et intervient dans tous les domaines de la compétence de ses institutions. Autre branche de l'assistance internationale, celle des institutions du système de Bretton Woods, Banque mondiale et Fonds monétaire international. La Banque mondiale intervient au Sahel depuis de nombreuses années, et on sait l'importance prise par le FMI depuis le début de la décennie 1980, à la faveur de l'accroissement de la dette extérieure et de la mise en oeuvre des politiques d'ajustement.

Enfin, tard venues dans la galaxie de l'aide au développement, les ONG jouent depuis le début des années 1980 un rôle non négligeable dans des domaines souvent négligés par l'assistance institutionnelle.

Exprimée en termes financiers, l'importance respective des aides bilatérale et multilatérale n'a pas évolué de façon significative au cours des dernières décennies et la première continue d'arriver largement en tête dans la plupart des pays de la zone, fournissant entre les deux tiers et les trois quart de l'aide publique totale (de 57 % à la Mauritanie à 72 % au Soudan). Elle n'est minoritaire que dans deux pays : l'Éthiopie, à qui elle ne fournit que 49 % de l'APD totale, et la Guinée Bissau à qui elle en fournit 48 %. Si son poids financier relatif n'a pas beaucoup augmenté, l'aide multilatérale joue toutefois un rôle plus grand qu'auparavant dans la mesure où les projets à financements multiples (le « bi-multi » du jargon des donateurs) se sont multipliés et où les stratégies qu'elle préconise ont souvent eu valeur d'exemple aux yeux des bailleurs de fonds bilatéraux. Cette évolution est manifeste dans le cas de la Banque mondiale et du FMI qui ont rallié nombre de donateurs au financement des politiques d'ajustement. Elle l'est aussi en matière sanitaire, et la politique des SSP lancée par l'OMS a progressivement reçu le concours d'un nombre croissant de financements bilatéraux.

Pour des pays qui figurent presque tous parmi les plus pauvres de la planète, les dons l'emportent toujours largement sur les prêts et représentent selon les pays entre les deux tiers et les trois quarts des montants de l'APD. Mais la part des dons a diminué par rapport à celle des prêts depuis 1980 pour tous les pays sahéliens sauf le Cap Vert, le Mali et la Mauritanie. Cette diminution peut-être négligeable dans le cas de l'Éthiopie où la part des dons est passée de 80 à 78 % du total de l'APD, ou du Burkina où elle a été réduite de 76 à 74 %. Elle est beaucoup plus importante pour d'autres pays : la part des dons est passée de 76 à 53 % de l'APD au Sénégal et de 83 à 65 % en Guinée Bissau de 1980 à 1987, de 80 à 50 % au Tchad de 1987 à 1989. Cette évolution pèse lourdement sur les finances de ces pays en augmentant le poids de leur dette extérieure. Elle est due en partie à l'accroissement des crédits octroyés par le FMI, passés dans le cas du Sénégal de 98 millions de dollars en 1980 à 267 millions de dollars en 1987. Rapportés à la modestie des ressources nationales, les financements publics extérieurs peuvent arriver à représenter des pourcentages non négligeables des budgets nationaux et à constituer l'élément financier prépondérant dans la réalisation des plans de développement. En 1989, l'aide extérieure au Tchad sous forme de dons et de prêts concessionnels s'est élevée à 123 milliards CFA, soit 35 % du PIB. De 1982 à 1988, elle a représenté un des « secteurs » les plus importants de l'économie tchadienne, en seconde position derrière le secteur rural et comptant pour 20 % du PIB ; pendant toutes ces années, elle a couvert environ 20 % de la consommation annuelle et la totalité des investissements. Elle représente 32 % du PNB de la Somalie et environ 20 % du PNB de la plupart des États sahéliens. Pour les pays du CILSS, les engagements d'APD ont augmenté en moyenne de 3 % par an de 1975 à 1980 et de 7 % par an de 1980 à 1985 en monnaie courante. De l'ordre de 250 millions de dollars par an au début des années 1970, les versements effectifs sont montés à quelque 700 millions de dollars par an à partir de 1974, 1,1 milliard à partir de 1978, ils ont oscillé autour de 1,3 milliard de 1981 à 1984 et ont franchi la barre de 1,7 milliard en 1985.

À l'exception des ONG qui se caractérisent à la fois par leur relative marginalité en termes de poids financier et par leur originalité, l'aide n'a pas fait preuve depuis trente ans d'une philosophie du développement vraiment différente de celle des États concernés et ne s'est pas prioritairement dirigée vers les secteurs productifs et sociaux : on considère que la part d'APD consacrée aux investissements directement productifs n'a guère dépassé 30 % du total. Quant au financement des secteurs sociaux on a vu qu'il n'a jamais cessé d'être marginal. À quelques exceptions près, l'aide étrangère a surtout servi à financer les importations, le budget des États ou l'assistance technique : cette dernière absorbe par exemple 53 % des crédits budgétaires accordés par le ministère français de la Coopération. Ainsi s'est créée une « économie de l'aide » souvent déconnectée de l'économie de la production, favorisant la partie improductive de l'économie sahélienne au détriment de sa frange productive et fondant un système auto-entretenu qui nécessite une augmentation constante de cette assistance. Cette tendance s'est renforcée depuis le début de la décennie 1980, une partie de plus en plus importante de l'aide bilatérale et multilatérale servant à soutenir les politiques de rétablissement des équilibres financiers et le remboursement de la dette extérieure. De 1975 à 1981, au moins 35 % de l'aide publique aux pays du CILSS a servi à assurer la survie des populations (aide d'urgence et aide alimentaire) et à faire fonctionner les appareils d'Etat (soutiens aux budgets et aux balances des paiements, contreparties de l'aide alimentaire, contributions diverses au fonctionnement des organismes sahéliens etc.). Depuis 1985, plus de 50 % des financements extérieurs publics ont consisté en de l'aide hors projets, c'est-à-dire essentiellement de l'aide budgétaire. Selon une récente étude de l'OCDE, « *confrontés à de multiples problèmes : insuffisance de la production vivrière, dégradation des termes de l'échange, endettement extérieur croissant, déficits budgétaires accrus, les États sont contraints d'utiliser une part importante des ressources extérieures pour assurer leur survie et régler leur crise de liquidités au détriment des investissements productifs.* »

Les secteurs de l'éducation, de la santé et des services sociaux ont ainsi été doublement pénalisés : d'une part, ils ont vu diminuer les pourcentages d'allocations dont ils bénéficiaient à cause de la profonde évolution des priorités des bailleurs de fonds. D'autre part, sommés de mettre de l'ordre dans leurs finances et leur train de vie, les pouvoirs publics ont drastiquement réduit les budgets déjà modestes qui leur étaient consacrés. Ce sont ces secteurs et les catégories de la population qui bénéficient le plus directement de leur développement qui payent la lourde dette des pays sahéliens. États et bailleurs de fonds ont trop longtemps oublié que la santé économique d'un pays se mesure aussi au bien-être de ses habitants.

On commence à s'en souvenir à nouveau et les ravages sociaux engendrés par la crise économique et l'austérité ont amené les donateurs à se pencher plus attentivement sur les problèmes de la pauvreté. À la suite des cris d'alarme lancés par un certain nombre d'ONG mais aussi par des organisations internationales qui prônent l'instauration de politiques d'ajustement « à visage humain », la Banque mondiale et le FMI introduisent progressivement dans leurs programmes d'ajustement structurel des correctifs sociaux et des mesures en faveur des groupes vulnérables.

Tout le monde convient aujourd'hui qu'il faut stopper la dégradation des conditions de vie au Sahel et renverser la tendance en fournissant des efforts accrus dans les secteurs sociaux. De la Banque mondiale au FED, les donateurs planchent désormais sur les problèmes d'environnement et introduisent dans leur vision du développement des paramètres jusqu'ici négligés. Encore faut-il que l'intendance suive, et ces nouvelles orientations ne se sont pas encore traduites dans la répartition des financements. Au sein des secteurs sociaux eux-mêmes, les vieilles habitudes sont difficiles à perdre et bien des pays préfèrent toujours financer la construction d'un hôpital ou d'un CHU plutôt que de diluer leur aide dans une assistance collective à la prévention, d'accepter d'en confier la gestion à des organisations spécialisées et d'en diminuer de ce fait la visibilité. Bien qu'elle ait fait de notables progrès dans ce domaine – et l'aide d'urgence distribuée pendant les grandes périodes de disette ou dans des situations de conflit armé a été une école de travail en commun – l'assistance extérieure gagnerait à être mieux coordonnée pour valoriser les complémentarités existant entre les différents bailleurs de fonds. Le système des Nations Unies peut jouer à cet égard un rôle de catalyseur dans la mesure où il est porteur de préoccupations moins immédiatement politiques que les donateurs bilatéraux.

Pour la soumettre elle aussi au processus de réformes nécessaires, il faut donc reconnaître que l'aide porte une lourde part de responsabilité dans les erreurs stratégiques commises par les États sahéliens et dans la détérioration de leur situation économique et sociale.

Cela dit, les actions positives n'ont heureusement pas été totalement inexistantes et la réflexion a également avancé grâce à la recherche menée sans relâche par un certain nombre d'organisations. C'est le cas de l'OMS qui a réussi à faire prévaloir les SSP sur la médecine curative classique, qui a mené des combats fructueux en matière de défense de l'allaitement maternel, de lutte contre le gaspillage pharmaceutique en aidant à l'identification de listes de médicaments essentiels et à leur promotion dans les pays en développement, en vulgarisant la TRO et, depuis quelques années, en s'impliquant massivement dans la lutte contre le SIDA. On connaît également l'entêtement de l'UNICEF à faire que l'on n'oublie pas les enfants ni leurs mères et que l'on s'occupe un peu plus de ces groupes qui ont trop rarement le droit à la parole pour pouvoir se faire entendre.

La récente adoption par l'Assemblée générale des Nations Unies, de la Convention internationale sur les droits de l'enfant est à cet égard une victoire. Encore faut-il qu'un nombre suffisant de pays la ratifient rapidement pour que la communauté internationale soit tenue de la respecter. Le travail des enfants dans les pays où il est généralisé devra devenir strictement réglementé. Si ce problème se pose au Sahel où, dès leur plus jeune âge, les enfants et surtout les petites filles prennent une grande part aux travaux domestiques, où les petits métiers prolifèrent en ville, permettant aux enfants de contribuer financièrement au difficile entretien de la famille, où l'apprentissage dans les métiers de l'artisanat peut commencer très tôt et durer des années sans pratiquement aucune rémunération, il est toutefois beaucoup moins aigu que dans d'autres régions du tiers-monde. L'enfant est effectivement une force de travail indispensable, mais on ne peut guère parler au Sahel d'une exploitation de type esclavagiste comme on la rencontre sous d'autres latitudes.

La fonction de mise en alerte qu'ont jouée certains secteurs de l'aide internationale et plusieurs ONG doit être désormais considérée comme un aspect important de l'aide que peut apporter la communauté internationale à la région sahélienne, à condition toutefois que l'aide d'urgence, qui a parfois revêtu un caractère exemplaire, puisse être relayée par une assistance à long terme dont le but devrait être justement d'oeuvrer à la disparition des causes de l'urgence. À cet égard il faut rappeler l'importance qu'a revêtue la mobilisation internationale en faveur de l'Éthiopie, encore qu'elle soit intervenue trop tard pour éviter la mort de 300 000 Éthiopiens à la suite de la famine de 1984-1985. Il faut rappeler aussi le miracle qu'a représenté la possibilité de monter et de réaliser en 1989 l'opération « Lifeline Soudan » en plein contexte de guerre civile, qui a permis de sauver des dizaines de milliers de gens d'une mort certaine, mais que l'on n'a pu renouveler en 1991 alors que la famine frappait à nouveau. À une échelle moins massive, les bailleurs de fonds se sont mobilisés en 1989 pour fournir une aide d'urgence au Sénégal et à la Mauritanie confrontés à un grave problème de réfugiés. L'aide d'urgence peut aussi aider à enrayer les épidémies souvent meurtrières qui éclatent au Sahel à intervalles réguliers : c'est ainsi qu'elle a activement participé à la lutte contre les épidémies de choléra qui s'étaient déclarées au Mali en 1984 et 1985 et qu'une action conjointe menée en 1987 par l'UNICEF, l'OMS et l'US Aid a empêché que les foyers identifiés ne s'élargissent.

L'action internationale demeure cependant fondée sur un paradoxe, puisqu'elle ne cesse en fait de reconduire des stratégies qui ont échoué : on sait aujourd'hui que l'objectif de la santé pour tous en l'an 2000 défini en 1978 à Alma Ata ne pourra pas être atteint, de même que celui de l'éducation pour tous. Faut-il persévérer dans la poursuite de tels buts ? Oui, dans la mesure où la mission d'organismes comme l'UNICEF est d'oeuvrer dans le cadre du long terme et d'agir à l'intérieur de politiques intégrées où la santé et la protection de l'enfance sont des éléments des stratégies globales de développement. Mais une telle organisation a également besoin d'obtenir à court et moyen terme des résultats concrets et quantifiables et ceux-ci ne peuvent être atteints que grâce à des politiques sectorielles dotées d'objectifs précis et spécifiques : vaccination, éradication de maladies cibles etc., qui se prêtent plus facilement à l'évaluation. Rien de plus difficile à évaluer en revanche qu'une action à long terme sanitaire, éducative ou visant à améliorer la condition féminine. Même si les grandes options sont périodiquement réaffirmées, même si des stratégies globales continuent d'être élaborées, en étant d'ailleurs souvent trop vastes pour pouvoir être concrètement mises en oeuvre, on peut craindre que la logique interne des systèmes d'aide ne contribue à privilégier les actions ponctuelles et à court terme qui peuvent parfois aller à l'encontre de la promotion des politiques intégrées.

Il n'est pas inutile de rappeler la place que l'assistance extérieure a prise au Sahel pour convenir qu'elle pourrait, en se réformant, aider les gouvernements à mieux définir leurs priorités en matière sanitaire et de rappeler quelques unes des actions qu'elle a pu mener au Sahel.

Au *Cap Vert*, les deux tiers aux trois quarts des coûts des programmes d'alphabétisation dont le gouvernement a fait une priorité sont financés par l'aide extérieure, qui a même financé et lancé un journal dénommé *Alpha* destiné aux nouveaux lettrés pour empêcher le retour à l'analphabétisme par manque de pratique. Le Cap Vert se trouve aujourd'hui à une croisée des chemins : s'il a réalisé des progrès spectaculaires que pourraient lui envier bien des pays plus développés que lui, il craint d'être arrivé à une sorte de seuil et d'avoir désormais plus de difficultés que naguère à améliorer le niveau sanitaire de ses citoyens. Ses ressources ont en effet diminué, du fait principalement de la chute des transferts des émigrés et des recettes en devises rapportées par l'aéroport international de Sal et le risque de ralentissement de la croissance est réel. Il a plus que jamais besoin de l'aide extérieure en cette délicate période de transition et compte sur elle pour poursuivre au même niveau les politiques de soutien aux enfants de un à quatre ans, aux adolescentes et aux jeunes femmes et pour accroître l'accessibilité des populations à l'eau potable.

En *Mauritanie*, le gouvernement cherche à atténuer le poids social du redressement et espère y parvenir en partie grâce à une aide alimentaire qui serait prioritairement distribuée sous la forme « vivres contre travail ». L'aide alimentaire représente environ 15 % des importations céréalières totales, mais elle n'a que fort peu contribué jusqu'à présent à diminuer la dépendance structurelle du pays en produits vivriers. Elle a accentué au contraire la déconnection économique entre les villes approvisionnées par l'extérieur et les campagnes repliées sur elles-mêmes. Une réorientation de cette aide pourrait donc la rendre plus utile socialement et économiquement. Le système des Nations Unies a participé pour sa part à la rédaction d'un plan décennal 1990-2000 pour la santé et les affaires sociales et voudrait orienter sa contribution sur la mise en place de l'Initiative de Bamako. Il tente par ailleurs de redimensionner des projets n'ayant été que partiellement financés pour faciliter l'obtention de ressources complémentaires et cherche à établir un partenariat avec d'autres intervenants pour répartir des zones spécifiques d'intervention entre les différents bailleurs de fonds. Le programme de coopération de l'UNICEF pour la période 1988-1992 concentre ses actions sur le développement de la SMI, sur l'introduction de l'éducation sanitaire et nutritionnelle à l'école et sur la promotion féminine, qui seront financés sur les ressources générales. Les ressources supplémentaires pourront pour leur part financer des actions de développement intégré axées sur la promotion de la production familiale et les SSP, l'approvisionnement en médicaments essentiels, l'extension de l'accès à l'eau potable et à l'assainissement et un programme d'urgence en faveur des populations sinistrées du nord du pays. L'aide extérieure permet enfin de procéder à des évaluations des projets en cours : l'US Aid a financé en 1988 une évaluation de la couverture vaccinale du pays et l'UNICEF s'est chargée de renouveler l'opération en 1990.

Dans plusieurs pays, Guinée Bissau, Mali, Burkina et Tchad essentiellement, les PEV ont pu être étendus grâce à d'importants financements italiens. L'assistance italienne en matière sanitaire s'est en effet concentrée sur la vaccination, et a permis à l'UNICEF de disposer de sommes supplémentaires en 1989 pour accélérer l'extension de la couverture vaccinale de ces pays.

En *Guinée Bissau* par ailleurs, après avoir axé jusqu'en 1988 leurs interventions sur la santé, l'éducation et l'hydraulique villageoise, les organisations d'aide, tout en continuant à travailler dans ces secteurs, mettent aussi l'accent depuis 1989 sur la communication sociale orientée vers l'éducation.

Grâce à une étroite collaboration entre l'UNICEF, l'OMS et les départements ministériels concernés, le gouvernement burkinabè a, pour sa part, créé un Comité national de mise en oeuvre de l'Initiative de Bamako qui a commencé par élaborer un classement entre les provinces du pays en fonction de leur aptitude à être partie prenante de l'Initiative. Les provinces ont été classées en trois groupes : neuf d'entre elles font partie du groupe où les conditions de mise en oeuvre de l'Initiative sont favorables, treize bénéficient de conditions moyennes pour la réussir et huit de conditions difficiles.

De 1982 à 1986, le *Mali* a bénéficié d'un programme conjoint UNICEF/OMS d'appui à la nutrition d'un montant de 5 millions de dollars. Un projet analogue a été réalisé dans la région de Ségou en 1988 et 1989. Le programme de coopération de l'UNICEF pour 1988/1992 s'est concentré quant à lui sur quelques points où les carences sont les plus criantes : eau potable et hygiène, insécurité alimentaire des familles, faiblesse des revenus et de la productivité des femmes, accès limité des enfants et surtout des filles à l'éducation fondamentale et absence de formation fonctionnelle des femmes. Les 10 millions de dollars de financements prévus sur les ressources ordinaires pour cette période se répartissent essentiellement entre SMI et médicaments essentiels à concurrence de 25 %, 20 % pour l'eau potable et l'assainissement, 20 % pour l'amélioration du rôle économique de la femme. En 1988, le Mali a reçu 500 millions de dollars d'aide extérieure dont 30 % sous la forme d'assistance technique. 15,3 % de ces montants ont été fournis par la France et 6,5 % par les Etats-Unis. Le quart des dons a été destiné aux secteurs de l'agriculture, de la sylviculture et de la pêche, et 9 % à la santé. La Banque africaine de développement (BAD) et le Fonds africain de développement (FAD) ont pour leur part financé la construction de l'hôpital régional de Tombouctou. La Chine, qui fournit de longue date une assistance à Bamako, a pris une participation importante au capital de la Pharmacie populaire du Mali qui a été complètement restructurée à la faveur de l'assainissement du secteur public.

Au *Tchad*, l'aide publique extérieure, qui a représenté, en 1989, 70 dollars par habitant, a été orientée vers les secteurs productifs à concurrence de 39 %, les infrastructures en recevant le quart et l'ensemble du secteur des ressources humaines 15,2 %. Par rapport à 1987, l'évolution s'est faite au détriment du secteur productif qui bénéficiait alors de près de la moitié du total de l'aide extérieure, et à l'avantage des services et de l'administration qui ont vu leur allocation passer de 8 à 20 % des financements étrangers. Il semble par ailleurs que les projets financés par les donateurs étrangers se soient concentrés dans certaines régions privilégiées sans tenter de participer à une véritable politique d'aménagement du territoire ni d'intégration régionale. La forte concentration des financements sur l'agglomération de N'Djaména, qui bénéficiait en 1988 d'une assistance de 89 000 francs CFA par habitant contre 7 700 francs CFA par habitant pour le reste du pays, risque en outre d'accentuer le déséquilibre ville-campagne. Selon le ministère du Plan, les projets tiennent en général assez peu compte des réalités tchadiennes. Enfin, ils contribuent à perpétuer la dépendance du pays vis-à-vis de l'aide dans la mesure où leur fonctionnement est en grande partie fondé sur l'importation de biens et services et sur l'utilisation de personnel expatrié. Le ministère du Plan tente de plus en plus de jouer le rôle de coordonnateur de l'assistance extérieure, ce qui n'est pas toujours facile. Il a d'ores et déjà commencé à rationaliser les interventions des ONG à la suite de la tenue d'un forum entre ONG présentes au Tchad et pouvoirs publics.

Susceptible d'être ponctuellement efficace quant elle mobilise des compétences réelles et une bonne connaissance du terrain sur des objectifs clairs, l'aide extérieure a pu alléger et continue de le faire, une partie des souffrances des groupes vulnérables sahéliens. Vu la situation économique et financière des États de la région, elle restera longtemps indispensable. Mais si les donateurs veulent réellement contribuer au développement de pays dont une des plus grandes faiblesses réside dans leur dépendance vis-à-vis de l'étranger, ils devraient eux aussi soumettre leur politique de coopération à un examen sévère... Comme ils ont demandé aux bénéficiaires de leur aide de le faire. Trop de certitudes, d'habitudes acquises, de pesanteurs de toutes sortes handicapent une assistance qui n'a pas toujours été à la hauteur du rôle qu'elle aurait dû jouer pour aider à la formation d'économies productives dans les pays sahéliens. Comme les responsables nationaux, il est temps que les donateurs reconsidèrent leurs priorités et réorientent leurs financements vers les secteurs productifs et sociaux, modifient leurs méthodes d'intervention et entreprennent un véritable bilan de ce qui a été fait jusqu'ici sous leur bannière. Il ne faut pas oublier par ailleurs que si des organisations spécialisées du système des Nations Unies et des ONG se consacrent pour l'essentiel aux domaines sanitaires et sociaux, les sommes dont elles disposent ne sont qu'une goutte d'eau dans l'océan des besoins qu'il faudrait urgemment satisfaire. Si l'homme - et la femme - doivent être, comme on se plaît à le répéter , la finalité du développement, ils doivent aussi être la finalité de l'aide. Certaines évolutions dans ce domaine incitent à l'optimisme, d'autres moins. Là aussi, les choses devraient changer plus vite qu'elles ne l'ont fait jusqu'ici.

CONCLUSION

Quand la majorité des citoyens d'un pays se porte mal, c'est le pays lui-même qui est malade. Tel est le cas du Sahel. On ne peut terminer cet ouvrage sans rappeler une dernière fois cette évidence. Mais le traitement d'une maladie ne relève pas seulement de l'action humanitaire. Les problèmes sociaux et sanitaires du Sahel ont trop souvent été abandonnés à l'assistance caritative et n'ont pas été jugé dignes de figurer parmi les grandes questions du développement. Ils n'auraient probablement pas été résolus pour autant, mais cela aurait au moins signifié la reconnaissance par l'autorité politique nationale et internationale de l'impact déterminant de la dimension sanitaire et sociale sur le développement économique. Il s'agit là d'un préalable : tant que ces questions ne feront pas l'objet d'une attention prioritaire et ne seront pas intégrées aux stratégies globales de croissance ou de redressement, il est illusoire d'espérer que les pays sahéliens reprendront leur marche vers le développement. Les responsables nationaux et les bailleurs de fonds ont le devoir de procéder de façon urgente à une telle révision, les premiers pour redéfinir la place des hommes et des femmes dans les projets de société qu'ils proposent à leurs citoyens, les seconds pour adapter leur aide aux besoins prioritaires des Sahéliens et la rendre assez efficace pour qu'elle commence enfin à travailler à sa propre disparition, finalité nécessaire qu'on a tendance à oublier. Il est question ici de l'avenir de millions de personnes, c'est-à-dire de nations entières. Elles ne pourront réellement se construire qu'à la condition de cesser d'oublier qu'elles sont pour moitié constituées d'enfants.

TABLE DES MATIÈRES

www.ingramcontent.com/pod-product-compliance
Lightning Source LLC
LaVergne TN
LVHW010940051026
849532LV00003B/1063
* 9 7 8 2 7 3 8 4 1 2 1 1 9 *

Les enfants du Sahel

Les enfants du Sahel, nous les avons vus, sur nos écrans de télévision, décharnés et mains tendues. Sur fond de terres craquelées, de buissons fantomatiques et de squelettes d'animaux. Avec le must du sein fripé et vaguement sucé par un bébé famélique.

C'était au temps des grandes sécheresses, des grands concerts et « des gros camions de l'espoir ».

Aujourd'hui le Sahel ne fait plus la une de nos spectaculaires émotions.

A partir d'enquêtes réalisées par des journalistes africains, le présent livre est à la fois plus pessimiste et plus optimiste que les quelques photos qui traînent dans notre imaginaire.

Les indicateurs socio-économiques sont loin d'être encourageants. Et les terroirs sont devenus encore moins hospitaliers qu'on ne le croit souvent. Il reste le vouloir vivre, l'ingéniosité et l'indéracinable opiniâtreté des Sahéliens et des Sahéliennes.

Il reste surtout et malgré tout les espoirs d'une enfance et d'une jeunesse largement majoritaires. Si vous voulez non seulement les aider mais aussi les mieux connaître et les rencontrer, lisez ce livre.

9 782738 412119

15,50€

ISBN : 2-7384-1211-4

Comité Français Pour l'UNICEF / Institut PANOS

L' Harmattan